Balade à vélo, bassin d'Arcachon.

ORGANISER SON SÉJOUR

PAYS DE
LA LOIRE
Bressui
DEUX-SEV
NIORT
LA ROCHELLE
Rochefort
Saint-
d'An
CHARENTE-
MARITIME
Saintes
Royan
Jonzac
Lesparre-Médoc
Océan
Atlantique
Blaye
BORDEAUX
GIRON
Arcachon
Langon
Biscarrosse
Mimizan
LANDES
MONT-D
MARSA
Dax
Orthez
Biarritz
Bayonne
PAU
Oloron-Sainte-Marie
PYRÉNÉES-
ATLANTIQUES
ESPAGNE
60 KM

CENTRE-VAL-DE-LOIRE
Châtellerault
POITIERS
VIENNE
Montmorillon
Boussac
La Souterraine
GUÉRET
Bellac
HAUTE-VIENNE
CREUSE
Aubusson
Confolens
LIMOGES
Bourganeuf
CHARENTE
Rochechouart
AUVERGNE-RHÔNE-ALPES
ANGOULÊME
Saint-Yrieix-la-Perche
Ussel
Nontron
CORREZE
Égletons
Tulle
BRIVE-LA-GAILLARDE
PÉRIGUEUX
DORDOGNE
Sarlat-la-Canéda
Bergerac
Marmande
Villeneuve-sur-Lot
LOT-ET-GARONNE
AGEN
Nouvelle-Aquitaine
OCCITANIE
Mer Méditerranée

Dans les Landes, fut mise à jour en 1804, à Brassempouy à l'est de Dax, la Dame à la capuche, statuette d'ivoire de mammouth sculptée il y a 25 000 ans. La Maison et l'ArchéoParc de la Dame vous accueillent aujourd'hui pour vous faire partager l'histoire de cette fabuleuse découverte...
www.prehistoirebrassempouy.fr
À proximité de Biarritz, à Saint-Martin d'Arberoue, les **Grottes d'Isturitz et Oxocelhaya** sont classées Monument historique depuis 1953. Elles sont à la fois des chefs-d'œuvre naturels et un site préhistorique accueillant de nombreuses recherches.
www.grottes-isturitz.com
Près de Limoges, à La-Chapelle-aux-Saints, où fut découvert le **premier squelette de l'homme de Neandertal** en 1908, un remarquable petit musée pédagogique s'attache aux liens et différences entre l'Homme de Neandertal et l'Homo Sapiens. Atelier naissance du feu, tir au propulseur, tir à l'arc au programme...
www.neandertal-musee.org
Enfin, soulignons particulièrement l'importance de la **vallée de la Vézère** qui compte à elle seule 147 gisements remontant jusqu'au Paléolithique et 25 grottes ornées.

L'Antiquité

Saintes, près de Cognac, se nomme alors « Mediolanum santonum » et est la capitale de la Gaule aquitaine, province administrative créée par l'empereur Auguste en 27 av. J.-C. Certains édifices préservés – l'amphithéâtre, l'arc de Germanicus, l'aqueduc gallo-romain, les thermes – comptent parmi les principaux vestiges de l'Antiquité gallo-romaine dans la région. Ils se visitent avec un livret-jeu conçu comme un quiz pour les enfants de 7 à 12 ans. Un moment passionnant à partager en vacances !
www.saintes-tourisme.fr
Parmi les nombreux sites archéologiques, on peut citer : les thermes de Cassinomagus, à Chassenon, entre Angoulême et Limoges, l'un des monuments antiques les mieux conservés d'Europe ; la villa gallo-romaine de Plassac à proximité de Bordeaux ; le musée Vesunna à Périgueux qui raconte la ville antique et ses habitants dans une architecture contemporaine signée Jean Nouvel.
www.via-antiqua.org

L'époque médiévale

1256, c'est la date retenue pour la fondation de Monflanquin, bastide des Vallées du Lot et de la Garonne, l'une des mieux conservées de la région, qui en compte 44 (Montpazier, Pujols, Villeneuve-sur-Lot, La Bastide d'Armagnac...). Si les villages médiévaux se sont construits au fil des siècles, les bastides ont souvent été bâties dans un seul et même mouvement, selon un plan orthogonal avec des rues à angle droit, autour non plus de l'église, mais de la place centrale, tout à la fois espace commercial, civique et municipal. Aujourd'hui comme jadis, les marchés et autres festivités s'y déroulent, tandis que les arcades abritent encore souvent artisans et commerces.
www.coeurdebastides.com
En Nouvelle-Aquitaine les châteaux sont perchés (Beynac, Boussac, Castelnaud, Mauléon, Turenne), fleuris (La Roche Courbon, Touffou), cinématographiques (Val, Hautefort, Nérac, Pau), animés (Bonaguil, Lastours, Saint-Jean d'Angle, Saint-Mesmin), artistiques (Oiron, Rochechouart), hippiques (Pompadour), multiples (pas moins de cinq châteaux

Château de Boussac.

pour la cité médiévale de Chauvigny !)... et toujours aussi impressionnants, même en ruine (Chalucet, La Mothe Chandeniers, Gavaudun, Angles-sur-L'Anglin, Les Tours de Merle, Ventadour) ! Ils font encore bruisser leurs salles de secrets (Duras, Cadillac). Ils racontent la petite et la grande histoire de France (Pau avec Henri IV, Cognac avec François Ier), mais aussi celle de célébrités (Joséphine Baker aux Milandes, George Sand à Boussac, Toulouse Lautrec à Malromé, Montesquieu à La Brède, François de La Rochefoucauld en Charente...). Incontournables lors d'un road trip historique, le temps des vacances.

Les Lumières

C'est le siècle des Lumières. Montesquieu, né dans la demeure familiale de La Brède, près de Bordeaux, écrit Les Lettres persanes et la capitale néo-aquitaine connaît son deuxième âge d'or. La ville se transforme sous l'impulsion de Louis-Urbain Aubert, plus connu sous le nom de marquis de Tourny, – façades des quais, Grand Théâtre, Jardin public – et devient le premier port du royaume. Aujourd'hui encore, les vins de Bordeaux font rayonner la ville dans le monde entier. L'architecture XVIIIe se marie désormais avec un urbanisme moderne, des quais revisités et des créations contemporaines déjà célèbres telles La Cité du Vin. Un renouveau qui fait de Bordeaux une destination tendance à déguster sans modération.

www.bordeaux-tourisme.com

XIXe siècle

Un siècle après la révolution, Claude Monet pose son chevalet à Fresseline, dans la vallée de la Creuse, pour retranscrire les lumières naturelles à travers une peinture en plein air. Armand Guillaumin et Francis Picabia le suivront comme des centaines d'artistes inspirés des paysages de la Vallée des peintres. Aujourd'hui des itinéraires permettent de visiter les sites emblématiques sur les pas des Impressionnistes et, parmi les tableaux dispersés aux quatre coins du monde, quelques-uns sont à retrouver au Musée des Beaux-Arts de Limoges dont certains de Renoir, natif de la ville.

www.tourisme-creuse.com

Seconde Guerre mondiale

Le XXe siècle a vu éclater deux conflits mondiaux. Le Centre de la Mémoire et le village martyr d'Oradour-sur-Glane au nord-est de Limoges immortalisent le souvenir des 642 personnes tuées par la 2e Division SS Das Reich le 10 juin 1944. Il accueille chaque année plus de 300 000 visiteurs.

www.oradour.org

La Base sous-marine de Bordeaux est l'une des cinq bases construites sur le littoral atlantique durant la Seconde Guerre mondiale. Ce gigantesque bunker de 41 000 m² abrite aujourd'hui un projet culturel global et ambitieux avec des espaces d'exposition pour une programmation entre art contemporain et cinéma. Dans ce cadre, les Bassins de Lumières, ouverts au public en 2020, présentent, comme aux Baux-de-Provence ou à l'Atelier des lumières de Paris, des expositions numériques et monumentales en immersion consacrées aux grands artistes de l'Histoire de l'art et à la création contemporaine. Un site unique et l'un des plus grands centres d'art numérique au monde.

www.bassins-lumieres.com/fr

XXIe siècle

C'est au futur que s'écrit déjà l'histoire de la Nouvelle-Aquitaine à la pointe des nouvelles technologies dans plusieurs domaines d'expertise dont l'aéronautique, mais aussi pour la recherche dans les technologies vertes ou la viticulture. Et pour le fun et une pédagogie éclairée et innovante, c'est au Futuroscope de Poitiers que cela se passe. Partez à la conquête de l'espace avec Mars pour objectif, dansez jusqu'à 7 m de haut avec les robots, testez la machine à remonter le temps... 40 attractions vous attendent pour sauter vers le futur en vous amusant.

www.futuroscope.com

PERSONNAGES HISTORIQUES

L'histoire de France a retenu Aliénor d'Aquitaine (1122-1204), duchesse d'Aquitaine et comtesse de Poitiers, qui a marqué l'ensemble de la région de Nouvelle-Aquitaine et particulièrement la Gironde, territoire où elle naquit, vraisemblablement près de Bordeaux. Aliénor d'Aquitaine fut deux fois reine. Tout d'abord reine de France, suite à son mariage, en 1137, avec le jeune roi Louis VII, puis reine d'Angleterre, en 1152, après son mariage avec Henri Plantagenêt, futur roi d'Angleterre Henri II. Aliénor d'Aquitaine fut éduquée à la cour d'Aquitaine, connue pour son raffinement, qui vit naître l'amour courtois et participa au rayonnement la langue occitane. La jeune fille séjourna dans les différentes résidences des ducs d'Aquitaine : Poitiers, Bordeaux, le château de Belin... Celle qui devint l'héritière du duché d'Aquitaine à la mort de son frère Guillaume Aigret, en 1130, maitrisait le latin, la musique et la littérature, mais aussi l'équitation et la chasse. Elle a 14 ans lorsque les seigneurs d'Aquitaine lui jurent fidélité. L'année suivant, son père meurt et elle épouse l'héritier du roi de France.

On peut ainsi partir sur ses traces en passant par la cathédrale Saint-André de Bordeaux où fut célébré son premier mariage et dont elle finança la nef. Mais le mariage de ces deux très jeunes souverains ne fut pas heureux et ne donna pas d'héritier. En revanche, de son second époux, le roi Henri II, elle eut huit enfants, dont Jean Sans Terre et Richard Cœur de Lion. Toutefois ce mariage n'est pas non plus un mariage heureux. Le roi fit emprisonner son épouse durant une quinzaine d'années à la citadelle de Blaye. Reconstruite par Vauban au XVIIe siècle, celle-ci n'avait pas du tout la physionomie d'aujourd'hui. Il reste toutefois les ruines du château fort sur son éperon rocheux que connu Aliénor et où elle séjourna avant de rejoindre les prisons anglaises. Lui-même élevé en Gironde, son fils, Richard Cœur de Lion, ordonne sa libération après la mort d'Henri II. Lorsque meure Richard Cœur de Lion, en 1199, Aliénor se bat pour que Jean Sans Terre obtienne à son tour le trône d'Angleterre. La même année, Aliénor séjourne de nouveau à Bordeaux puis à Soulac et, au mois de juillet, accorde à l'abbaye de La Sauve Majeure, près de Bordeaux, une charte de confirmation de ses privilèges.

Aliénor se retire en 1200 à l'abbaye de Fontevraud et meurt à Poitiers, à l'âge de 82 ans. Elle est inhumée à Fontevraud où l'on peut voir son gisant polychrome ainsi que ceux de son second mari, de son fils Richard Cœur de Lion et d'Isabelle d'Angoulême, l'épouse de Jean sans Terre.

Montaigne, un noble philosophe et humaniste

Né en 1533 au château de Montaigne, en Périgord, Michel Eyquem de Montaigne est issu d'une famille de **négociants bordelais**. Après des études de droit, il devient conseiller à la Cour des Aides de Périgueux, puis au Parlement de Bordeaux. Au palais de l'Ombrière, il fait la connaissance d'**Etienne de la Boétie**, chantre de la liberté civique dont l'amitié lui inspirera cette célèbre phrase ; « **Parce que c'était lui, parce que c'était moi** » (Essai I, 28). La mort de son père en 1568 le laisse à la tête d'une grosse fortune et du domaine de Montaigne ou il se retire deux ans plus tard. Il consacre alors son temps à la méditation et la lecture au dernier étage d'une tour du château qui devient son repaire. Il commence à écrire ses « **Essais** » dont il publie le premier recueil en deux tomes en 1580 avant de partir soigner sa gravelle, maladie héréditaire dont il souffre depuis quelques années, en cures thermales en Suisse, en Allemagne et en Italie. Son **Journal de voyage**, dont le manuscrit, conservé pendant presque 200 ans au château à l'insu de tous, sera découvert en 1770 et publié en 1774.

En 1581, une lettre de France l'informe de son **élection à la mairie de Bordeaux** ce qui ne l'empêche pas de continuer la rédaction de ses Essais. A la fin de son second mandat, en 1585, il prépare une nouvelle édition des Essais qu'il publie à Paris en 1588. A cette occasion, il fait la connaissance de Marie Le Jars de Gournay, jeune fille dont l'amitié viendra éclairer ses dernières années. La quatrième édition des Essais ne verra le jour qu'après sa mort, en 1595, grâce au travail de celle qu'il appelait sa « fille d'alliance ». Le 13 septembre 1592, il rend le dernier soupir, à 59 ans.

Une pensée moderne

« Que sais-je ? » était sa devise. Enclin à la **tolérance entre les êtres et au respect de la différence** tant sociale que religieuse, il a posé les premiers fondements d'un Humanisme qui replace l'humain au centre de la réflexion et qui conduit au respect d'autrui. Pétri d'esprit de justice et d'équité, Montaigne a toujours prôné le dialogue comme remède à la violence et la réflexion comme préalable à l'action.

Montaigne est l'un des nombreux auteurs célèbres dont la Nouvelle-Aquitaine fut le berceau, tout comme Montesquieu, Pierre Loti, Edmond Rostand, Mauriac, Marguerite Duras... qui ont leur musée ou maison à découvrir.

Henri IV, le pacificateur assassiné

On le connaît pour « sa **poule au pot** », Henri IV (1853-1610) fut un roi bâtisseur et populaire qui ambitionnait de faire le bonheur de ses sujets. Roi de Navarre dès 1572 et roi de France dès 1594, tolérant et souvent anticonformiste, en un siècle d'atrocités et de fanatisme, il se voulait l'**artisan de la paix et de la réconciliation nationale**.

Le futur roi de France naît dans une carapace de tortue, toujours visible, en 1553, au **château de Pau**, fief des rois de Navarre, fils d'Antoine de Bourbon et de Jeanne d'Albret, qui devient reine de Navarre en 1555 à la mort de son père Henri d'Albret et adhère à la Réforme en 1560. Placé par son père à la cour de France en 1561, le jeune Henri y reste jusqu'en 1567, comme garant de l'entente entre la monarchie et la reine de Navarre. Mêlé très jeune aux guerres de Religion, il participe en 1568, côté protestant à la troisième guerre de Religion marquée par la victoire des catholiques à Jarnac.

Le 18 août 1572, Henri devenu roi de Navarre à la mort de sa mère, épouse Marguerite de Valois, fille d'Henri II et de Catherine de Médicis et sœur du roi Charles IX. Ce mariage qui devait être le symbole de la réconciliation n'a pas l'effet escompté. Henri de Navarre, le huguenot, n'assiste pas à la messe célébrée à Notre-Dame de Paris et reçoit la bénédiction sur le parvis en présence des principaux chefs huguenots, venus pour la cérémonie. Les tensions s'exacerbent et aboutissent au **massacre de la Saint-Barthélemy**. Henri de Navarre, contraint à l'abjuration de sa foi protestante, est retenu prisonnier à la cour. Il s'échappe en 1576, gagne ses Etats de Navarre et installe sa cour au **château de Nérac**. Revenu au protestantisme, il part en 1580, pour la 7e guerre de Religion et conquiert Cahors dont il gracie les habitants. En 1584, les cartes sont redistribuées avec la mort de François d'Anjou, dernier frère du roi Henri III, qui devient l'héritier de la couronne.

Les **ducs de Guise** refusent ce souverain hérétique et constituent la **Ligue catholique** avec le soutien des Espagnols. Paris chasse le roi Henri III qui se réfugie à Tours et se rapproche du roi Henri de Navarre. Leurs deux armées investissent Paris aux mains des ligueurs. Le roi est assassiné non sans avoir au préalable confirmé Henri de Navarre comme son héritier.

Henri de Navarre devenu roi de France sous le nom d'Henri IV hérite d'un royaume ruiné, divisé, partiellement occupé par les Espagnols. Il se résout à la reconversion au catholicisme en 1593 pour pacifier la situation. Un choc parmi les protestants, mais les catholiques se rallient. Henri IV est sacré roi en 1594 et entre triomphalement dans Paris. En 1598 les Espagnols quittent le royaume et **l'édit de Nantes** signé en 1598 rétablit la paix religieuse dans le royaume qui dès lors peut prospérer. L'agriculture et l'élevage se développent, l'industrie voit le jour et les infrastructures, ponts, routes, canaux sont restaurés. Mais le 14 mai 1610, Henri IV est assassiné par un catholique fanatique venu d'Angoulême, François Ravaillac... Fin de l'histoire.

Le Roi Henri IV.

BORDEAUX PORT DE LA LUNE

Le méandre du fleuve qui dessine en ville une ligne douce a donné ce nom poétique au port de Bordeaux. Cette dénomination utilisée depuis le Moyen Âge a été choisie par l'UNESCO pour identifier un « ensemble urbain exceptionnel », en l'inscrivant au Patrimoine mondial de l'humanité en 2007. Ainsi est reconnue la valeur de l'unité patrimoniale d'une ville exemplaire par la cohésion d'un style architectural classique et néoclassique préservé depuis deux siècles. C'est tout un projet urbain de valorisation du patrimoine bordelais, lancé en 1996, avec ravalement des façades, aménagement des quais en bord de Garonne, mise en service du tramway alimenté par le sol, requalification des espaces urbains, qui est ainsi récompensé. Sachez que Bordeaux compte plus de 350 édifices classés ou inscrits sur la liste des Monuments historiques, dont 3 édifices religieux inscrits au Patrimoine mondial au titre des chemins de Saint-Jacques-de-Compostelle. Bordeaux Port de la Lune a été le premier ensemble urbain distingué sur un territoire aussi vaste et complexe. Le périmètre UNESCO couvre, en effet, l'intérieur des boulevards, jusqu'à la Garonne, elle-même incluse. Soit 1 810 ha et près de la moitié de la superficie de la ville. Quant à la zone dite de sensibilité patrimoniale, elle concerne l'ensemble de

© CEDRIC33 - STOCK.ADOBE.COM

Le port de la Lune.

La Nouvelle-Aquitaine en quelques chiffres

- **15** sites inscrits au Patrimoine Mondial de l'UNESCO (1re région en France).
- **5** parcs naturels régionaux (et un parc national).
- **31** « Plus beaux villages de France ».
- **23** communes labellisées « Petites cités de caractère ».
- **28** villes classées Villes et Pays d'art et d'histoire.
- **56** stations vertes.
- **750** km de côtes.
- **40** ports et 51 spots de surf.
- **501** sites labellisés Qualité tourisme.
- **1 743** sites labellisés Tourisme et handicap.
- **+ de 6 000** monuments historiques.
- **112** musées de France.
- **8** scènes nationales.
- **750** km de côtes.
- **+ de 50** ports.
- **51** spots de surf.
- **97** hébergements porteurs d'un écolabel européen.
- **50** restaurants étoilés au classement Michelin.
- **1 150** vignerons et professionnels labellisés Vignobles et découvertes.

la ville de Bordeaux, à l'extérieur des boulevards, et 8 communes limitrophes. Ce croissant que dessine la Garonne raconte sa riche histoire, des vestiges gallo-romains au miroir d'eau, en passant par le Pont de pierre et la place de la Bourse. Des bateaux-promenade permettent de découvrir ce patrimoine depuis le fleuve. Au fil de l'eau, ce sont des perspectives inédites et une ambiance toute particulière qui s'offrent à vous. Autre approche intéressante, en pédalant, avec la possibilité de louer un vélo en libre-service. Mais c'est peut-être en arpentant cette « lune » à pied que vous apprécierez au mieux son charme. Cette cité à taille humaine se laisse découvrir tranquillement. Et vous prendrez le temps de profiter d'une terrasse animée au bord du fleuve ou d'une table gastronomique. S'ajoute pour vous séduire une scène artistique et culturelle toujours plus vivante. Somme toute, cette destination tendance vous offre la lune et les étoiles !
www.bordeaux-tourisme.com

ABBAYE DE SAINT-SAVIN

André Malraux l'avait qualifiée de « Sixtine romane » pour la magnificence de ses peintures murales des XIe et XIIe siècles. Le surnom est resté. Ce fleuron de l'art roman en Poitou fut inscrit sur la liste du patrimoine de l'Humanité par l'UNESCO, dès 1983, en tant que « chef-d'œuvre du génie créateur de l'Homme » et « témoignage remarquable d'une civilisation disparue ».
A 45 km à l'est de Poitiers, l'église abbatiale Saint-Savin-sur-Gartempe, sur la commune éponyme, émane d'une abbaye fondée sous Charlemagne pour abriter les reliques des deux saints frères, Savin et Cyprien. Cet édifice monumental ouvre sur une vaste nef très lumineuse. C'est en levant les yeux que vous découvrez son trésor, unique en Europe. Plus de 400 m² de fresques peintes ornent la voûte du plafond, comme un livre d'images de scènes bibliques. Commanditées par les moines bénédictins, ces fresques nous sont parvenues dans un état de fraîcheur remarquable et racontent 66 épisodes majeurs de l'Ancien Testament, dont 44 nous sont aujourd'hui visibles. On retrouve l'histoire de Noé et de son arche, celle d'Abel et de Caïn, de la tour de Babel, de Jacob, de Joseph, de Moïse... A vos jumelles ! On peut aussi découvrir l'église-halle et les bâtiments monastiques. Un espace d'interprétation multimédia permet un voyage interactif dans les cellules des moines, le réfectoire, le jardin monastique, le Logis de l'abbé... à l'aide d'une tablette tactile. Ces parcours ludiques et pédagogiques offrent une expérience au plus près de l'Histoire. On apprend par exemple que le Logis de l'abbé reconstruit entre 1682 et 1692 par les moines sur des fondations médiévales, devenu bien national à la Révolution, fut racheté en 1892 par Felix Léon Edoux, l'inventeur du monte-charge hydraulique. Celui-ci installa dans sa nouvelle demeure l'un des premiers ascenseurs privés en France.

- **La salle capitulaire,** à côté de la sacristie, abrite aujourd'hui l'espace accueil-librairie.
- **Visites guidées possibles** sauf les jours de messes qui ont lieu les 1er et 3e dimanches du mois.

www.abbaye-saint-savin.fr

LA CITÉ DE LA TAPISSERIE D'AUBUSSON

La Cité internationale de la tapisserie, labellisée Musée de France, fait suite à l'inscription des savoir-faire de la tapisserie d'Aubusson au Patrimoine culturel immatériel de l'humanité par l'UNESCO en 2009. Inaugurée en 2016, au sein du bâtiment réhabilité de l'ancienne École Nationale d'Art Décoratif d'Aubusson, à 1h30 de Limoges, elle a pour mission de conserver, enrichir et mettre en valeur ces savoir-faire exceptionnels. Autour d'un projet scientifique et culturel, on y découvre une collection de référence permettant de retracer cinq siècles et demi de production à Aubusson.
Si elle s'appuie sur le passé, la Cité de la tapisserie regarde également vers l'avenir. Avec la mise en place d'un Fonds régional pour la création de tapisseries contemporaines, elle

participe à la relance de la création à Aubusson, à travers des appels à projets, une collection de formats fixe « Carré d'Aubusson », l'édition déléguée de mobilier, ou encore des commandes spécifiques à des artistes significatifs de la scène contemporaine, comme Clément Cogitore, Prix Marcel Duchamp 2018.

Une Cité dédiée à l'univers tissé d'Aubusson

Un parcours muséographique original permet une immersion dans l'univers de la tapisserie d'Aubusson. En point d'orgue, l'accrochage régulièrement renouvelé dans la Nef des tentures. S'ajoutent des animations, un centre de documentation à dimension européenne, un espace de formation, une plateforme de création contemporaine, une résidence d'artistes, une pépinière et des ateliers de créateurs, un atelier de lissiers pour des tissages de très grande envergure ou encore l'atelier de restauration de tapisseries du Mobilier national.

De Tolkien à Hayao Miyazaki

Si les œuvres d'Aubusson se retrouvent aux quatre coins du monde, des artistes de tous les pays viennent aussi y faire tisser leurs créations. Depuis l'été 2017, la Cité de la tapisserie tisse et expose les œuvres imaginées par Tolkien. Début 2021, la manufacture se plongera dans l'univers onirique de Hayao Miyazaki avec le tissage de 4 tapisseries inspirées des œuvres du maître de l'animation japonaise.

www.cite-tapisserie.fr

PHARE DE CORDOUAN

Dernier phare en mer ouvert au public et plus vieux phare toujours en activité, le Phare de Cordouan, aujourd'hui candidat au classement UNESCO, a été édifié entre 1584 et 1611, sur l'estuaire de la Gironde. La dangerosité de son embouchure était telle qu'elle transformait les lieux en vrai cimetière marin. De la côte on allumait de grands feux pour veiller sur l'âme des noyés et surtout pour aider les marins à se repérer. Prouesse architecturale en pleine mer, le phare édifié en pierre de taille s'élève en toute majesté à 67,5 m de haut offrant une vue exceptionnelle en récompense de l'ascension de ses 301 marches.

Le rez-de-chaussée abrite les deux salles lambrissées de chêne de l'ancien appartement de l'ingénieur à la disposition du personnel du service des Phares et valises qui venait effectuer les contrôles. Une salle de plan carré est pourvue de niches d'à peine 3 m² où dormirent les gardiens pendant près de deux siècles avant de s'installer dans la couronne du phare.

Le premier étage abrite l'appartement du roi, même si aucun roi n'y a séjourné, avec une salle d'apparat voûtée au sol pavé de marbre et aux murs décorés de pilastres ioniques.

Le second étage abrite la chapelle royale qui donne à Cordouan un caractère unique avec son sol en marbre, des pilastres corinthiens et une coupole à caissons dans le style architectural de la Renaissance. Les vitraux, réalisés par le maître verrier Lobin en 1855, ont été restaurés en 1946. A cette occasion une colombe a été ajoutée sur le vitrail de gauche ainsi que l'inscription « avril 1945 » pour commémorer la libération de Royan.

- **Au 3e étage**... la salle des Girondins.
- **Le 4e étage** abrite la salle du contrepoids qui a accueilli, jusqu'en 1987, le contrepoids qui servait à rythmer le feu dans la lanterne entraînant une machine de rotation, qui elle-même actionnait le cache tournant autour de l'ampoule, pour alterner lumière et obscurité. Le phare de Cordouan a été l'un des premiers au monde à employer cette technique, issue de l'horlogerie, inventée en 1780 en Suède. Le poids terminait sa trajectoire dans un bac à sable et les gardiens devaient le remonter toutes les trois heures.
- **Au 5e étage**, c'est la salle des lampes utilisée à l'origine pour stocker le matériel d'éclairage. Plusieurs combustibles ont été utilisés pour assurer l'éclairage du phare. 1611 : mélange de bois, de poix et de goudron. 1664 : blanc de baleine. 1717 : charbon de terre. 1790 : mélange de blanc de baleine, d'huile d'olive et d'huile de colza. 1823 : huile de colza. 1870 : huile minérale. 1907 : gaz de pétrole. Le phare fut électrifié en 1949 et automatisé en 2006. Aujourd'hui, cinq groupes électrogènes alimentent les batteries du phare. L'ampoule de 250 watts a une portée lumineuse de près de 40 km.
- **Au 6e étage** était la chambre de veille d'où les gardiens effectuaient le travail de surveillance de la lanterne. Un astucieux système de miroirs leur permettait de vérifier le bon fonctionnement du feu depuis leur lit.
- **Et au sommet la lanterne !**
Les gardiens vous accueillent d'avril à octobre.
www.phare-de-cordouan.fr

CANAUX DU MARAIS POITEVIN

C'est un paysage magique de prairies ombragées sillonnées par des voies navigables tranquilles avec de jolis villages où vélos et bateaux sont les moyens de transport traditionnels. Bienvenue dans le Marais Poitevin la « Venise Verte » locale, espace naturel protégé labellisé « Grand Site de France » et Parc Naturel Régional du Marais Poitevin depuis 2014. Il existe plusieurs façons de découvrir ce beau territoire de nature, situé entre Niort et La Rochelle, baigné d'innombrables canaux même si la traditionnelle balade en barque reste la plus romantique et la plus célèbre.

- **La traversée du Marais poitevin à vélo**
Des centaines de kilomètres de pistes cyclables sillonnent le Marais poitevin. Le plus réputé des parcours, **la Vélo Francette**, traverse le marais de Niort à l'océan en suivant le cours de la Sèvre niortaise, l'artère principale du marais.
- **Du canoë aventure sur les canaux**
Partez à l'aventure dans le labyrinthe de canaux grâce au canoë en testant votre sens de l'orientation. Venez naviguer en canoë ou en kayak sur les conches, rigoles, fossés et autres canaux du Marais poitevin. Les embarcadères du marais louent également des canoës et prêtent des cartes pour suivre les circuits balisés et éviter de se perdre dans ce magnifique labyrinthe.
- **Laissez-vous guider en barque à l'ombre des frênes têtards**
La visite en barque est incontournable dans le Marais poitevin. Un grand moment de détente et de paix sous

Coulon, capitale de la Venise Verte.

la cathédrale de verdure de **la Venise verte**. Pour profiter de l'ambiance particulière qui règne ici et augmenter vos chances d'apercevoir des animaux sauvages, privilégiez les balades en barque matinales ou nocturnes avec un guide-batelier. Celui-ci pourra aussi vous conter l'histoire millénaire du marais et vous fera découvrir la faune et la flore locales. Peut-être aurez-vous droit également au surprenant **feu sur l'eau...**

À pied sur les chemins blancs à la rencontre des vaches maraîchines
Au départ des villages maraîchins, chaussez les chaussures de marche pour arpenter **les sentiers et chemins blancs du Marais poitevin.** À l'ombre des peupliers et le long des canaux et des prairies où paissent les vaches maraîchines, profitez de l'ambiance sonore de la nature bien loin de l'agitation humaine.

Du géocaching Tèrra Aventura pour découvrir le Marais Poitevin en famille
Vivez l'aventure d'**une chasse au trésor dans le Marais poitevin.** Munissez-vous d'un GPS ou de votre smartphone pour partir, à la recherche des géocaches placées à l'abri des regards dans le marais, en compagnie de Zecolo, le Poi'z des sites préservés. Sous les ponts et dans le creux des arbres, le géocaching est un prétexte amusant pour **une balade en famille.**
www.niortmaraispoitevin.com

LASCAUX

Au cœur de la Vallée de la Vézère, surnommée Vallée de l'Homme, Lascaux est incontestablement le site le plus remarquable de la plus forte concentration de vestiges préhistoriques d'Europe : 147 gisements préhistoriques et 25 grottes ornées de peintures rupestres sont recensés alentour.
On connaît l'histoire du Robot tombé dans la préhistoire (sinon voir page 11) !

© DAN COURTICE – SEMITOUR PÉRIGORD

Le Centre International de l'Art Pariétal.

La visite

L'architecture du Centre International de l'Art Pariétal s'intègre parfaitement au paysage, au pied de la colline de Lascaux. La façade vitrée monumentale accueille le visiteur. A l'intérieur, les aménagements sont sobres pour donner toute sa place au contenu. La visite se fait à l'aide d'une tablette numérique et débute à l'air libre où l'on découvre depuis « l'abri » les paysages et la faune préhistorique. Vient ensuite le temps fort de la visite avec la découverte de la reconstitution intégrale, dans sa taille originale, de la Grotte de Lascaux. On accède ensuite à un espace qui remet en contexte toute la richesse du site : découverte de la grotte, fragilité du site, dextérité des artistes qui, il y a 17 000 ans, ont décoré les parois avec des peintures.

Des ateliers

Des ateliers participatifs sont proposés à proximité pour jouer en famille à l'homme de Néandertal. Au Thot, à Thonac, les visiteurs confectionnent des lampes à graisse et apprennent le tir au propulseur. A Castel Merle ou à Sergeac les familles peuvent aussi s'essayer à la naissance du feu, à la taille de silex...

www.lascaux.fr

DUNE DU PILAT

C'est un paysage emblématique du patrimoine de notre pays. Cette dune côtière, la plus haute dune d'Europe est l'un des joyaux naturels de la région Nouvelle-Aquitaine. Classée Grand site de France depuis 1994, conjointement avec sa voisine, la forêt usagère de la Teste-de-Buch, la dune du Pilat impressionne par sa taille, mais aussi par l'époustouflant panorama qu'elle offre depuis son sommet sur le Bassin d'Arcachon, le banc d'Arguin, le phare du Cap-Ferret et l'étendue de pins à perte de vue alentour. Ce site attire chaque année près de 2 millions de visiteurs.

En saison, un escalier de 160 marches permet l'ascension de la dune.

La Dune du Pilat est la plus haute dune d'Europe.

La dune du Pilat est située à l'entrée du **bassin d'Arcachon,** sur la commune de La Teste-de-Buch, en Gironde. Constituée d'environ **60 millions** de m^3 de sable et de grains de quartz d'environ **0,3 mm**, elle se caractérise par une forme dissymétrique. Du côté de l'océan, la face exposée au vent est en pente douce. Les grains de sable, transportés par le vent, remontent cette pente en se déplaçant à proximité du sol. Arrivés au sommet de la dune, ils chutent constituant ainsi la pente raide, côté forêt.

La dune du Pilat est dite d'équilibre instable. Elle est à ce jour, **la seule toujours en mouvement**. Elle roule sur elle-même, entre océan et forêt, se déplaçant de **1 à 5 m** par an vers l'est sous l'influence des **vents** dominants et des marées. Ainsi, elle recouvre peu à peu le massif forestier attenant. Désormais, les géomètres experts peuvent effectuer des opérations de mesures très précises avec l'aide d'un drone.

- Ses mensurations actuelles :
- 2,9 km de long – 616 m de large - 102,5 m de hauteur

- Afin de percer les mystères de cet espace ultra-protégé, le Grand Site de la Dune du Pilat organise de nombreuses animations pour petits et grands, avec notamment des balades commentées en journée et au coucher du soleil, des ateliers, des soirées contées pour adultes. En fonction de la météo, sont aussi proposés : des ateliers ludiques pour enfants, un accueil posté avec longue-vue en crête de dune, un sentier découverte de la forêt et une exposition de la face cachée de la dune.

www.ladunedupilat.com

ROCHER DE LA VIERGE DE BIARRITZ

Aujourd'hui, le Rocher de la Vierge est indissociable de l'image de Biarritz. Mais pourquoi une Vierge au milieu des flots, au large de Biarritz ? Depuis 1864, cette statue posée au sommet de son rocher léché par les vagues commémore le retour miraculeux d'un équipage de baleiniers biarrots ayant échappé au naufrage.

La légende raconte que les pêcheurs biarrots qui avaient affronté une tempête terrible et n'arrivaient pas à rejoindre la côte, pourtant proche, furent guidés à bon port par une lumière divine. Les rescapés, choqués d'avoir vu la mort de près et reconnaissants d'avoir retrouvé la terre ferme, décidèrent d'ériger une statue de la Vierge en remerciement. Plus tard, Napoléon III fit percer ce rocher et relier à la côte par une passerelle. La violence de l'océan eut raison de cette première passerelle en bois. C'est ensuite une structure en métal qui fut mise en place. On raconte que ce sont les ateliers de Gustave Eiffel qui réalisèrent l'ouvrage, mais c'est faux. En réalité, la construction fut confiée aux ateliers Schryver et Cie en 1886.

Le pont fut ouvert au public en 1897, soit 11 ans après le début des travaux. La balade au Rocher de la Vierge est un véritable rituel pour les Biarrots et pour tous les visiteurs de la Côte

© LAMAX - STOCK.ADOBE.COM

Le Rocher de la Vierge.

basque. Du rocher la vue est, bien entendu, magnifique. Ambiance grand large assuré, à deux pas de Biarritz, pépite de la côte Atlantique, riche de son patrimoine architectural et de son histoire, dont témoignent de nombreux sites et musées.
tourisme.biarritz.fr

FUTUROSCOPE

Ouvert en 1987, à 10 km de Poitiers, ce parc de loisirs est l'un des plus appréciés de France et les plus fréquentés : 2 millions de visiteurs en 2019. Nouveauté 2020 : des montagnes russes. Et toujours des écrans géants et des robots qui dansent, une quarantaine d'attractions captivantes et un show nocturne féerique. Tout est fait pour stimuler votre intérêt et vous divertir.
En 2020, vous embarquez à bord de la nouvelle attraction **Objectif Mars** et devenez astronaute ! Grâce au pouvoir immersif de la technologie IMAX LASER 4K, vous explorez l'espace en compagnie de Thomas Pesquet, le plus jeune astronaute de l'Agence spatiale européenne. Vous volez, pieds dans le vide, lors d'un **Extraordinaire Voyage**. Avec **Futuropolis**, les enfants découvrent les coulisses d'une base nautique, d'un circuit de voitures électriques, d'un stade aqualympique et même d'un aéroport ! Et l'aventure du futur se poursuit. Embarquez pour le vol spectaculaire de Solar Impulse, le premier avion à avoir fait le tour du monde à la seule énergie solaire.

Avec la **Sébastien Loeb Racing Xperience** vous montez à bord de la voiture du pilote 9 fois Champion du Monde des Rallyes. Depuis votre siège baquet dynamique, casque de réalité virtuelle ajusté, vous expérimentez la conduite sportive et tentez d'être un co-pilote à la hauteur.
Bien entendu, vous testerez la Machine à Voyager dans le Temps des Lapins Crétins et Arthur, l'Aventure 4D, deux attractions qui ont été récompensées par un prix de la **Meilleure attraction au monde**.

À la nuit tombée, c'est le temps d'une soirée magique avec **La Forge aux Étoiles**, aqua-féerie imaginée par le Cirque du Soleil. Forcément petits et grands repartent avec des étoiles plein les yeux.

▶ Le Parc du Futuroscope abrite 200 ha bureaux high-tech, un centre de congrès, un parc d'hôtels et de restaurants et 15 laboratoires de recherche. Aux milliers de visiteurs s'ajoutent chaque jour 7 000 salariés, 500 chercheurs et 2 000 étudiants.
www.futuroscope.com

MARCHÉ DE BRIVE-LA-GAILLARDE

C'est une institution locale et l'un des plus beaux marchés de Nouvelle-Aquitaine, voire même de France ! Vous êtes au cœur de la Corrèze gourmande. Sur la place du 14 juillet, sous la halle Georges Brassens, et sur la place de Lattre de Tassigny c'est un foisonnement de saveurs 100 % pur terroir, les jours de marché où vous trouvez le meilleur de la gastronomie et des producteurs locaux. Si le marché alimentaire se limite au matin, les autres forains sont là toute la journée. C'est le marché du samedi qui est le plus important et le plus animé, surtout en été ou durant les foires grasses hivernales. 20 000 visiteurs s'y pressent pour remplir leur panier de fruits et légumes à profusion et selon les saisons : châtaignes, champignons, puis la truffe du causse voisin, les oies et canards gras... Dès 7h du matin, ce sont plus de 300 commerçants, artisans et producteurs qui s'installent. Et ce sont palabres et rigolades autour des produits et des savoir-faire.

Sachez pour la petite histoire que si Georges Brassens a donné son nom à la Halle de Brive-la-Gaillarde dont il a rendu le marché célèbre avec sa chanson *Hécatombe*, il ne s'y serait jamais rendu. Georges Brassens chantait avec verve le marché de Brive, évoquant les bottes d'oignon, les crêpages de chignon de « quelques douzaines de gaillardes » et l'intervention de « gendarmes mal inspirés ».
Les Brivistes lui sont reconnaissants. Sous la halle Brassens, les producteurs accueillent les gourmands les mardis, jeudis et samedis. Quant à la halle Gaillarde, place Maréchal de Lattre de Tassigny c'est tous les jours sauf lundi. De quoi faire provision lorsque vous visitez Brive, ville fortifiée au Moyen Âge, époque où Gaillard signifiait « fortifié », accueillante et ensoleillée, parée d'un cœur historique très riche, d'un étonnant « phare-château d'eau » et d'une magnifique palette de jardins fleuris.
www.brive-tourisme.com

ECOMUSÉE DE MARQUÈZE

C'est l'un des tout premiers écomusées de France. L'Écomusée de Marquèze, à Sabres, a été créé en 1969, par le Parc naturel régional des Landes de Gascogne, avec pour mission de conserver, étudier et transmettre le patrimoine de la Grande Lande en reconstituant le cadre de vie de ses habitants au XIXe siècle. Il y a 150 ans, cette société originale de bergers-agriculteurs était en telle symbiose avec son environnement qu'elle disparut lorsque la lande fit place à la forêt. Marquèze raconte l'histoire de ce lien unique entre une société et son environnement, ses conséquences économiques, culturelles ou sociales dans l'un des plus grands musées en plein air de France. Face à vous, plus de 25 ha de nature préservée avec de belles maisons en pans de bois. Faites des rencontres étonnantes avec les habitants de l'ancienne lande : les « dauna » (maîtresses de maison en gascon), le bouvier, le métayer, le berger en échasses... Artistes et comédiens sont là pour vous faire revivre la vie de cette société originale de bergers agriculteurs.

Un site patrimonial préservé et reconstitué

Pour reconstituer ce cadre de vie, Marquèze fut le premier écomusée en France à faire appel à la technique des transferts de bâtiments. Les deux tiers, issus des quartiers alentour, furent transférés, les paysages, des champs, de la forêt résinée, et jusqu'à l'aire meunière, furent reconstitués pour restituer le quartier tel qu'il se présentait, à l'égal des autres, au XIXe siècle. La race des brebis de la lande, la culture des céréales anciennes, les jardins, les collections remeublant les maisons, viennent parachever cette mise en scène d'une société à l'aube de sa métamorphose.

Le train de l'écomusée

4 km séparent le quartier de Marquèze du bourg de Sabres. A l'instar des autres quartiers de la Grande Lande, le quartier de Marquèze est isolé. De 1889 aux années 1960, la ligne Sabres-Labouheyre fut exploitée pour transporter voyageurs et marchandises. Aujourd'hui, le train des résiniers est l'unique moyen d'accéder au quartier de Marquèze, ses voitures datant de 1903 à 1910 sont classées Monument historique et y monter est déjà un début de voyage.

Un lieu de conservation, d'expositions et de conférences

Construit en 2008, le Pavillon de l'écomusée de Marquèze est situé face à l'ancienne gare de Sabres, guichet de l'écomusée. C'est un espace dédié aux expositions et à la conservation des 30 000 objets des collections de l'écomusée qui illustrent et élargissent le propos présenté dans le quartier de Marquèze. Vous est dévoilée l'histoire de l'aménagement dans les Landes de Gascogne du 19e siècle à nos jours. Une vraie conquête. Autrefois désert parcouru par quelques bergers-agriculteurs, le territoire est devenu la plus grande forêt industrielle d'Europe systématiquement plantée à partir de 1857. Celle-ci façonne les paysages que nous connaissons aujourd'hui. Chaque année, une exposition temporaire vient mettre en rapport le territoire avec des questions sociétales. Une destination famille par excellence. Ouvert de juin à début novembre.
www.marqueze.fr

CHÂTEAU DE BONAGUIL

Aux portes du Lot, en Lot-et-Garonne, le Château de Bonaguil, château de la « Bonne Aiguille », semble perdu au milieu des bois. Dans une région aux collines pentues, il surgit au détour d'une courbe de la route ou entre les arbres et s'impose de toute sa colossale majesté dressée sur trois assises de roc. C'est le modèle absolu du château fort, ensemble unique en Europe qui, Site majeur d'Aquitaine et propriété de la petite cité médiévale de Fumel, vous reçoit du haut de son donjon, à la fraîcheur de sa grotte pour des visites palpitantes, des animations et des ateliers qui vous ramènent au Moyen Âge.

Le seigneur des châteaux forts

Le château de Bonaguil, dominant le village du même nom, est un château exemplaire de tout ce que le Moyen Âge a produit comme innovations militaires architecturales. Pour le rejoindre, la route serpente depuis Fumel dans une campagne vallonnée. Il est campé sur sa colline, dominant son petit village. Une fois au sommet, tout le génie militaire de ses architectes se dévoile avec des ponts-levis, des tours, un impressionnant donjon, des canonnières...... Il ne manque rien de ce qui était connu à cette époque. Bonaguil intègre et illustre l'évolution des techniques de défense du Moyen Âge à la Renaissance, jusqu'aux prémices des fortifications à la Vauban dans la perspective de l'artillerie à feu.

Une bâtisse imprenable ?

C'est au XIIIe siècle que ses premières pierres furent posées. Mais le véritable chantier débute en 1483. Il s'agit alors d'édifier une forteresse qui s'avérera imprenable. Vraiment imprenable Bonaguil ? On ne le saura jamais, car le château ne fut jamais attaqué. Lorsque son seigneur Bérenger de Roquefeuille lui apporte toute son attention, la guerre de Cent Ans est terminée depuis 30 ans et les techniques militaires ont déjà bien évolué. Si bien que 40 années plus tard, alors que Bonaguil est fin prêt à ferrailler, Christophe Colomb a découvert l'Amérique et les châteaux de la Loire ont commencé à généraliser la mode des palais où le seigneur prend du bon temps et ne s'y défend plus. Bonaguil, obsolète dès sa naissance par la folie médiévale de son seigneur, nous arrive cinq siècles plus tard comme un des plus beaux châteaux forts de France. Le cinéma ne s'y est pas trompé avec des scènes du *Vieux Fusil* tournées ici en 1975 ou, plus récemment, du block-buster américain *Prince of Persia* qui choisit Bonaguil comme décor parfait de château médiéval. De nombreuses animations sont proposées aux petits et aux grands toute l'année : mercredis du Moyen Âge, ateliers manuels, chasses aux trésors, nocturnes théâtralisées, spectacles son et lumière...
www.chateau-bonaguil.com

FORT BOYARD

C'est l'un des fleurons touristiques de la Charente-Maritime. L'émission du même nom l'a rendu célèbre, mais qui connaît la véritable histoire du plus fameux fort de France ? Vauban en son temps avait dit à Louis XIV à propos de la construction d'un fort sur ce site : « Sire, il serait plus facile de saisir la lune avec les dents que de tenter en cet endroit pareil besogne ». On oublia l'idée d'un fort. Il fallut attendre le début du XIXe siècle pour qu'on en reparle, lorsqu'une flotte anglaise pénétra dans le pertuis d'Antioche, menaçant l'Arsenal de Rochefort, et mettant à sac la précieuse île d'Aix ! Il s'agissait donc de verrouiller la passe entre l'île d'Aix et l'île d'Oléron. Dès lors débute vraiment le projet de construire le Fort Boyard sur le banc de sable « Longe de Boyard » alors nommé « Ban laert » pour protéger l'Arsenal maritime de Rochefort. Les tirs depuis ce fort doivent se croiser avec ceux de l'île d'Aix et de l'île d'Oléron. Mais pour cela, il faut déplacer le banc de sable de plus d'un kilomètre ! Qu'à cela ne tienne. Napoléon ordonne le lancement de la construction en 1804. Mais en 1809, suite à « l'Affaire des Brûlots », lorsque les Anglais détruisent la flotte française dans l'estuaire de la Charente, la construction du Fort Boyard s'arrête brusquement et pour près de 30 ans !

Sa construction reprend en 1842. Peu de modifications seront apportées au plan original, mais lorsque le fort est enfin terminé en 1857, le progrès de l'artillerie le rend complètement inutile ! Après plusieurs années d'abandon, il faut bien trouver un usage à ce fort qui a coûté la somme astronomique d'environ 8 millions de francs ! Il devient prison militaire en 1870. L'Armée de la Marine l'abandonne définitivement en 1913.

Du cinéma aux jeux télévisés

Classé Monument historique en 1950 et acheté par un dentiste belge, le Fort Boyard apparaît dans plusieurs films : « Le repos du guerrier » avec Brigitte Bardot, « Les aventuriers » avec Alain Delon et Lino Ventura...

C'est le début de la gloire du Fort Boyard. Dans les années 90, le tournage du jeu télévisé « Fort Boyard » est lancé...

Sa devise : « Toujours plus loin, toujours plus haut, toujours plus fort ! ». Les candidats s'affrontent dans les salles auprès des personnages du Fort Boyard : le père Fouras, Passe-Partout... Le succès est au rendez-vous et le Fort Boyard, fort de ses versions étrangères, devient le fort le plus célèbre au monde !

© VINCENT EDWELL _ ROCHEFORT OCÉAN

Fort Boyard.

Le Fort Boyard est accessible par bateau. Croisières au départ de Rochefort Océan.

www.rochefort-ocean.com

SARLAT EN PÉRIGORD

Capitale du Périgord Noir, Sarlat en est aussi la ville incontournable. Avec son histoire qui remonte jusqu'au Moyen-Âge, son patrimoine mondialement connu, ses rendez-vous gastronomiques et festifs, ses marchés et boutiques de producteurs, elle offre milles expériences à découvrir pour un week-end ou un séjour prolongé ! La ville est connue pour détenir la plus forte densité en monuments historiques classés ! En flânant dans ses ruelles pavées vous vous en rendrez compte, mais, pensez à lever les yeux pour observer la richesse architecturale des monuments.

Alentour, Lascaux et la vallée de la Vézère, la vallée de la Dordogne et le château de Beynac est l'une des plus belles places fortes de la région à l'impressionnante forteresse. Du haut de son piton rocheux, il domine la rivière Dordogne ainsi que les maisons aux toits de lauze et aux façades blondes de Beynac-et-Cazenac, l'un des 10 « Plus Beaux Villages de France » labellisés en Dordogne. Au cours de votre visite vous est contée l'histoire de cette forteresse édifiée par Adhémar de Beynac au XIIe siècle, traversée par d'illustres personnages dont Aliénor d'Aquitaine, Richard Cœur de Lion ou encore Simon de Montfort... Du sommet de la tour du château, vous découvrez le fabuleux paysage qui s'offre à vous, avec sur l'autre rive de la Dordogne, le château de Castelnaud. En ces murs, les siècles se bousculent. De la rigueur défensive de son donjon du XIIe siècle à l'escalier Renaissance en passant par la très impressionnante salle des Etats des Baronnies du Périgord du XVe, la Cuisine du XIIIe avec son exceptionnelle barbacane. Vous admirez un édifice en état de conservation exceptionnel. C'est pourquoi le site a servi de lieu de tournage à de nombreux films dont La Fille de d'Artagnan de Bertrand Tavernier, Les Visiteurs 2 de Jean-Marie Poiré ou encore Jeanne d'Arc de Luc Besson.

www.sarlat-tourisme.com
chateau-beynac.com

CITÉ INTERNATIONALE DE LA BANDE DESSINÉE ET DE L'IMAGE

Angoulême a rejoint le réseau des villes créatives de l'UNESCO en octobre 2019, dans le domaine de la littérature, catégorie 9e art. La Cité Internationale de la bande dessinée et de l'image n'y est pas étrangère.

▶ **Cité**. C'est un ensemble réparti sur trois sites. La Maison des auteurs, sur les remparts de la ville, le vaisseau Mœbius, en contrebas au bord de la Charente, le musée de la bande dessinée, dans les chais situés sur l'autre rive et reliés au vaisseau Mœbius par une passerelle qui enjambe le fleuve.

▶ **Internationale**. Tout comme le festival qui anime Angoulême, chaque année à la fin de mois de janvier, la Cité est devenue la référence française en matière de bande dessinée, accueillant auteurs, chercheurs et amateurs du monde entier et exportant savoir et savoir-faire.

Château de Beynac.

Bande dessinée et image. Plus que jamais, face à l'évolution des pratiques et à la convergence des disciplines, la bande dessinée à Angoulême va de pair avec le cinéma d'animation, le jeu vidéo, les médias interactifs... Ces dimensions ont été considérablement développées au sein de cet établissement. Un élargissement dans un souci de mutuel enrichissement qui fonctionne fort bien.

Culturelle : A Angoulême, la BD s'affiche partout, jusque sur les murs. Un circuit touristique composé d'une vingtaine de murs peints réalisés par la « Cité de la Création » offre une façon originale et ludique de parcourir la ville. Vous trouvez sur place le Musée de la bande dessinée, la bibliothèque de la bande dessinée, la librairie de la bande dessinée, le cinéma de la cité et la maison des auteurs. Une immersion réjouissante et instructive, ludique et actualisée dans les bulles. Pour faire le plein d'images, le musée dévoile l'histoire de la bande dessinée francophone et américaine, à travers **une collection unique en Europe**. Plus de 400 planches, imprimés et dessins originaux, des éditions anciennes, des objets publicitaires, des jouets, des extraits de films illustrent la richesse du patrimoine du Neuvième Art. Le parcours est ponctué d'espaces de lecture. Nombreuses animations lors du festival.

www.citebd.org

MUSÉE NATIONAL ADRIEN DUBOUCHÉ LIMOGES

Il possède la collection publique la plus riche au monde de porcelaine de Limoges, mais également des œuvres représentatives des grandes étapes de l'histoire de la céramique, de l'Antiquité jusqu'à nos jours. Le Musée national Adrien Dubouché conserve ainsi un ensemble de 18 000 œuvres dont 5 000 sont exposées au public. La visite est conçue de façon circulaire selon un parcours fluide et didactique. Vous découvrez des espaces très différents imaginés pour éviter toute monotonie dans les présentations. La visite débute avec les différentes étapes de fabrication de la porcelaine, puis révèle les grands moments de l'histoire de la céramique, pour s'achever autour de la porcelaine de Limoges. S'ajoutent des expositions temporaires autour de la céramique. Des panneaux explicatifs en porcelaine sont disposés tout au long du parcours qui apportent des informations essentielles à la compréhension de l'histoire de la céramique.

Le musée propose gratuitement deux offres à destination du jeune public individuel, offres ludiques et adaptées à des âges différents. Elles sont disponibles gratuitement à l'accueil. En outre, des ateliers s'ouvrent aux familles pour s'initier à différentes techniques et partir pour une exploration sensible du musée.

Le premier dimanche de chaque mois, l'entrée au musée est gratuite pour tous.

Une bibliothèque et un centre de documentation sont ouverts au public certains jours.

www.musee-adriendubouche.fr

LES 14 DESTINATIONS

BORDEAUX

Au cœur de sa région viticole, la capitale de la Nouvelle-Aquitaine fait belle figure. Port sur la Garonne, ville d'eau et de vin, elle nous offre son patrimoine exceptionnel, ses musées et son art de vivre. Bordeaux, ce n'est pas que la place des Quinconces, le miroir d'eau et les canelés. Mais... c'est cela aussi et il ne s'agit pas de s'en priver. Commençons par une balade à vélo le long des quais, un tour de la gastronomie bordelaise en terrasse et une visite inspirée à la Cité du Vin, cap sur Arcachon pour un festin d'huîtres à même le parc. Du haut de la Dune du Pilat, nous choisirons notre route des vins. Médoc, Sauternes-Graves ou Saint-Emilion ? Et nous regagnons la Garonne à travers les vignes…

Flânerie dans le périmètre UNESCO

Bordeaux, dans la boucle de la Garonne, est inscrite depuis 2007 sur la Liste du Patrimoine mondial de l'UNESCO. On découvre les fleurons de son architecture préservée, du Grand Théâtre au Palais Rohan, pour ne citer que deux des monuments historiques classés, un itinéraire remarquable.

La cité du vin, le Guggenheim bordelais

Architecture audacieuse pour évoquer l'âme du vin, entre le fleuve et la ville. Désormais, nouvel emblème de Bordeaux et ses environs, au service d'un savoir-faire historique et exceptionnel. On embarque pour un tour du monde des vignobles, l'histoire du vin au cours des siècles et des civilisations, des épopées et des parfums (cannelle, agrumes, fruits rouges, etc.), ou de fabuleuses architectures renfermant les plus précieux nectars dionysiens…

Possibilité de réserver des visites de domaines viticoles pour parachever ses connaissances. Avec plus de 7 000 châteaux viticoles sur son vignoble, Bordeaux n'a pas fini de vous surprendre !

Le musée d'Aquitaine, un joyau

Bordeaux possède un des plus grands musées d'histoire de province. On y découvre au fil des collections la Préhistoire, l'Antiquité, le Moyen Âge, le XVIIIe siècle, âge d'or de la ville et toutes les périodes qui ont fait le riche passé de la région.

La place de la Bourse et le miroir d'eau

Le miroir d'eau a moins de 20 ans, mais face à un bâtiment monumental de près de trois siècles, c'est désormais lui l'attraction. Situé face à la Place de la Bourse, entre le Quai de la Douane et le quai Louis XVIII, cette œuvre spectaculaire, due au paysagiste Michel Corajoud, alterne des effets de miroir et de brouillard et offre une scène permanente de jeux pour les enfants.

Découverte de Bordeaux en bateau

Ville maritime, qui figurait parmi les principaux ports d'Europe au XVIIIe siècle, la ville de Bordeaux et son vignoble redécouvrent leur fleuve. Le bateau sur la Garonne offre des points de vue inédits et un moyen agréable d'aller à la rencontre de la ville, de ses vignobles et de l'estuaire de la Gironde.

www.bordeaux-tourisme.com

CÔTE ATLANTIQUE

C'est une entité géographique de charme. La côte Atlantique compte 750 km de côtes et 720 km de littoral protégé en Nouvelle-Aquitaine, le meilleur du bien-être avec un grand choix de centres de thalassothérapie et offre un terrain de jeu idéal pour tous les sports nautiques – surf, kite surf, voile, canoë, kayak, char à voile... mais aussi pour la pêche. De l'île de Ré à l'île d'Oléron, laissez-vous dériver de plage en plage. Posez pied à terre sur le Bassin d'Arcachon le temps d'une bourriche d'huîtres et d'une initiation au wakeboard. Plutôt road trip ? Louez un scooter. Partez à la découverte du Médoc et des Routes des Vins. Régalez-vous aux terrasses des restaurants des Landes, de Biarritz et de La Rochelle. Et prenez date : rendez-vous au Pays Basque pour les internationaux de Cesta Punta qui attirent tous les amateurs de pelote. Ambiance garantie.

Pays Basque, entre mer et montagne

Au sud de la Nouvelle-Aquitaine, la côte basque, de l'estuaire de l'Adour à celui de la Bidassoa, à la frontière franco-espagnole, forme le littoral de la partie française du Pays Basque avec ses stations animées (Biarritz, Anglet, Bayonne, Saint-Jean-de-Luz...). Celui-ci serpente comme un repère géographique séparant les sommets des Pyrénées et l'horizon infini de l'Atlantique. Bienvenue au paradis des surfeurs, des amoureux des embruns et de la gastronomie basque !

pays-basque.tourisme64.com

Côte d'argent et Landes de Gascogne

La ville de Biarritz.

Un peu plus au nord, les dunes de sable fin s'étendent à l'infini entre la plus grande forêt de résineux d'Europe et le lustre argenté de l'océan qui a donné son nom à la « Côte d'argent ». 100 km de sable fin avec des plages, des lacs disséminés le long de la côte et dans l'immense pinède des Landes de Gascogne, paradis de la baignade, des loisirs nautiques, de la pêche et du farniente.

Une destination appréciée par les amateurs de vélo, de surf, de planche à voile, de voile, de golf et de surf-casting (pêche dans les vagues) et des stations de renom comme Biscarosse, Capbreton, Hossegor, Mimizan... Visitez aussi Mont-de-Marsan, « capitale des Landes », ville fortifiée gasconne, paisible et parsemée de nombreuses sculptures à ciel ouvert.

www.tourismelandes.com

Bassin d'Arcachon, comme un lagon

Entre les grands lacs des Landes et du Médoc, le bassin d'Arcachon, baie de 1 500 ha alimentée par les eaux de l'océan et de nombreuses rivières, prend des allures de mer intérieure. Et surtout de lagon bleu, bordé par une couronne de sable fin qui culmine à 102,5 m au sommet de la Dune du Pilat. Parc naturel marin depuis 2014, le bassin d'Arcachon est réputé pour son « île aux oiseaux » et ses cabanes tchanquées (sur pilotis). De nombreuses stations balnéaires de luxe bordent ce site exceptionnel, notamment Arcachon, ville fondée au XIXe siècle avec le développement des bains de mer. Toujours plus au nord, le phare de Cordouan, dernier phare en mer encore ouvert au public, protège l'entrée de l'estuaire de la Gironde.

bassin-arcachon.com

Médoc atlantique : du grand spectacle
Que ce soit les pieds dans l'eau ou au sommet des dunes, vous serez grisés par l'air marin et enivrés par les parfums si particuliers des nuits d'été. Laissez-vous impressionner par les acrobaties des surfeurs, peu pressés de rejoindre le rivage.
www.medoc-atlantique.com

Royan et ses environs
Destination Royan Atlantique ? Cette région s'étend sur près de 100km de littoral, alternant plages et criques de sable fin, un environnement naturel d'exception et des villages de caractère. Parmi les incontournables : le Zoo de La Palmyre avec 1 600 animaux d'espèces différentes, au cœur d'une forêt de 18 ha. A proximité, profitez des plages de la Côte Sauvage, puis prenez l'apéro sur le port ostréicole de La Grève avant de partager un plateau d'huîtres. Vous apprécierez aussi de flâner sur le marché de Royan, de suivre le sentier des Douaniers ou de partir en croisière sur l'estuaire de La Gironde. Il vous faudra aussi visiter les grottes troglodytiques de Meschers, découvrir Talmont-sur-Gironde et Mornac-sur-Seudre, parmi les Plus Beaux Villages de France, rejoindre la Pointe de Suzac pour une balade sur un sentier pédestre à flanc de falaises, embarquer à bord d'un kayak au cœur des marais ou tenter l'expérience en paddle. Sans oublier les ruelles pavées et les échoppes de Mornac !
Et bien d'autres plaisirs au choix : déguster une éclade, spécialité charentaise, admirer les villas Belle Époque de Royan, pédaler le long de la piste cyclable de la Vélodyssée, visiter un domaine viticole... Beau programme !

La Rochelle et Rochefort
Ensoleillée, dynamique et chaleureuse, La Rochelle est l'une des plus belles cités de la côte Atlantique. Son port de plaisance représente la plus grosse marina de la façade atlantique avec plus de 5 000 anneaux d'arrimage. La ville se découvre en flânant sous les arcades. Autre étape incontournable, à 35 min au sud, Rochefort regarde également vers l'océan. C'est ici qu'a été reconstruit la réplique de l'Hermione, célèbre frégate de La Fayette (XVIIIe siècle). Plus au Sud encore, le bassin de Marennes et la presqu'île d'Arvert avec ses plages et ses dunes sauvages autour de La Tremblade et de la forêt de la Coubre. Puis Royan et ses villas balnéaires Belle Epoque, La Palmyre et les jolis villages de l'estuaire, (St Palais, Talmont, Meschers...).
www.infiniment-charentes.com

Et le charme des îles charentaises
La Côte Atlantique regorge de pépites qu'il faut savoir dénicher : les îles charentaises en font partie. Elles sont 4, elles ont chacune leur style, leur ambiance, leur couleur. Au programme : un environnement préservé, un patrimoine historique et architectural remarquable, des stations balnéaires animées, d'immenses plages de sable fin, un large éventail d'activités nautiques et sportives, de jolis petits ports et des produits du terroir renommés. Ces 4 pépites sont l'île de Ré, la blanche, l'île d'Oléron avec ses plages immenses et ses bassins ostréicoles, la lumineuse, l'île d'Aix, l'authentique, et l'île Madame, la préservée. On y va pour pédaler, pique-niquer, se baigner, manger des huîtres.

Zoom sur l'île d'Oléron et le bassin de Marennes
L'île d'Oléron et le bassin de Marennes exercent un charme tout particulier

autour d'un cadre naturel exceptionnel et d'une grande biodiversité. Ici se déploient des plages aux ambiances variées, un massif forestier, une magnifique zone de marais et plusieurs réserves naturelles. Alors on chemine de dunes en falaises, de la forêt à la vigne, des chenaux ostréicoles aux écluses à poissons. Sur l'île d'Oléron, la plus grande île française après la Corse, on pratique une multitude d'activités nautiques. Mais la vedette reste l'huître Marennes-Oléron à déguster face à la mer. Faites escale au port artisanal de La Cotinière, premier port de pêche du département, lorsque les marins débarquent leur poisson sur les quais. Visitez les citadelles et grimpez au sommet du phare de Chassiron pour le panorama sur l'île de Ré et alentour.

L'île d'Oléron.

LANDES-ARMAGNAC

Surf, vélo, golf, thermalisme, gastronomie et fêtes gasconnes au programme ! À l'Est du littoral landais, entre Bordeaux et Pau, à deux pas de l'océan Atlantique et des Pyrénées, les Landes-Armagnac conjuguent prestige et convivialité. On y trouve une trentaine de producteurs du divin nectar qui en font une destination prisée des amateurs d'armagnac. Aux joies de la dégustation s'ajoutent les plaisirs de la table puisque la destination compte de nombreux produits locaux identitaires comme le foie gras, le canard fermier, le bœuf de Chalosse, les vins de Tursan ainsi que bon nombre de grandes tables, comme celle de Michel Guérard à Eugénie-les-Bains (3* au guide Michelin) et de Jean Coussau à Magescq (2*).
C'est aussi tout un patrimoine à découvrir à **Labastide d'Armagnac** ou à Saint-Justin : partez sur la route des bastides du Sud-Ouest, mais aussi vers des lieux insolites comme la **Chapelle des Cyclistes** ou le Château de Ravignan à Perquie...
Prenez rendez-vous pour l'Armagnac en Fête et autres festivités qui animent ce pays tout au long de l'année. Ne manquez pas les fameuses fêtes de la Madeleine 5 jours et 5 nuits de fiesta, mi-juillet à Mont-de-Marsan. Tous en bleu et blanc ! Et participez à la saison des férias, de loin ou de plus près... Devenez festayre si le cœur vous en dit. Et pour vous remettre de vos émotions, pourquoi pas une cure thermale réconfortante dans l'une des 5 stations des Landes ? Vous apprécierez Dax avec ses arènes et ses bâtiments Art déco, sa gastronomie gasconne et un environnement naturel imprégné du style de vie typiquement landais.

Prenez également le temps de visiter Mont-de-Marsan, capitale des Landes et ville fortifiée gasconne. Les Landes et l'armagnac offrent des paysages typés et très variés.

Au nord, c'est la pinède avec ses sentiers sablonneux, au sud, des vallées couvertes de vignobles ou chênaies. Appréciez les Landes, alternant pins parasols et maritimes, à vélo à travers la forêt ou en canoë sur la Leyre et remontez le courant d'Huchet jusqu'à l'océan. Cherchez les totems orange des œuvres d'art contemporain disséminées dans le Parc naturel régional des Landes de Gascogne… Faites halte à la **ferme solaire du Gabardan** et remontez le temps à l'**écomusée de Marquèze**.

Enfin, revenons en deux mots sur la star alambiquée du pays. Des raisins traditionnels, un terroir unique et un savoir-faire séculaire se sont combinés pour créer un produit vraiment exceptionnel : l'armagnac. Cette eau-de-vie ancestrale a un bouquet très distinctif.

Quelques points forts

• Paysages et habitants contrastés et attachants

• Tradition gasconne empreinte de convivialité et de partage

• Gastronomie renommée

• Fêtes populaires avec des férias et des événements autour de l'armagnac

• Destination bien être et remise en forme

www.tourismelandes.com

PAYS BASQUE

Le Pays Basque, d'Anglet, le long de l'Atlantique et jusqu'à Hendaye, au pied des Pyrénées, a tout pour plaire : océan, montagne, campagne, stations balnéaires renommées et villages authentiques, fêtes et gastronomie. Du rouge et du blanc : voilà pour le dress code des Fêtes de Bayonne.

Les Fêtes de Bayonne rassemble beaucoup de monde.

Si vous n'avez pas d'espadrilles, vous en trouverez sur place. Direction les plages de Biarritz ou Anglet. Surf pour les amateurs de glisse. Swing pour les amateurs de golf. Pique-nique basque pour tout le monde : jambon de Bayonne, piperade, chipirons...
Entre océan et montagne le Pays Basque est une terre de contrastes au riche patrimoine et aux espaces naturels préservés qui a un charme fou. Et le choix des ambiances et des activités. Plutôt farniente et sable fin ou randonnée en montagne, rugby ou golf, tables gastronomiques ou café du coin ? En dénominateur commun : le bien-être. S'ajoutent des joyaux culturels, dont le Musée de la Mer et la Cité de l'Océan ou encore les petits villages typiques d'intérieur comme Sare, Ainhoa ou Saint-Jean-Pied-de-Port et Saint-Jean-de-Luz, la cité corsaire du littoral.
Depuis plus de 60 ans, les surfeurs prennent les vagues sur 30 km de côte, d'Anglet à Hendaye. Depuis plus longtemps encore les sentiers de randonnée régalent les montagnards. Le Pays Basque compte également huit terrains de golf, et Anglet est surnommée la Petite Californie pour ses 11 plages, réparties sur 4,5 km de sable fin – de la plage cosmopolite et fraîche de Marinella à la plage calme de La Barre pour les enfants en passant par les Cavaliers, qui accueillent les pros du surf.

Les fêtes de Bayonne

Elles animent la capitale économique du Pays Basque pendant cinq jours, rassemblant un très grand nombre de participants vêtus de tenues blanches, de foulards et de ceintures rouges qui prennent possession des rues pour l'un des événements majeurs de France.
La promenade gastronomique basque vous permet de découvrir des spécialités telles que le piment d'Espelette, le jambon Kintoa, la truite de Banka, le foie gras, le fromage de brebis, le gâteau basque et le chocolat.

Biarritz, ville balnéaire

Biarritz est la plus urbaine des stations balnéaires de la côte basque. Lancée au XIXe siècle par l'impératrice Eugénie, la ville se distingue par son architecture originale et son casino. Après la plage, dirigez-vous vers les boutiques, les galeries d'art et les bars branchés ! Du Rocher de la Vierge, on jouit d'une vue imprenable sur la baie et on découvre son histoire, des baleiniers aux « tontons surfeurs ».
pays-basque.tourisme64.com
www.en-pays-basque.fr

PAU-PYRÉNÉES

En toile de fond, les Pyrénées hypnotisent, protègent et unissent un territoire très attachant. Ce pays invite à franchir leur porte pour randonner ou à cheminer sous les palmiers de Pau, pour le carnaval ou le festival du polar noir ou encore pour un concert au château d'Henri IV. Les gourmets iront tester les saveurs du Sud-Ouest à la table du chef Étienne Rozès. Au menu ? La poule au pot, évidemment ! Les sportifs traversent la vallée d'Aspe à cheval ou en canoë. Au coucher du soleil, installez-vous à la terrasse du Pau Golf Club, un verre de Jurançon à la main...

Côté montagne

Versant été, c'est le plein air sportif : randonnée sur le GR10 ou dans la vallée d'Aspe, balade vers Saint-Jacques-de-Compostelle par le GR654, descente des gaves en canoë, saut en parapente du Pic du Midi d'Ossau. Ou encore : montée à VTT par la Route des Cols, en hommage à la petite reine et au Tour de France, et descente par celle de la Transhumance. Versant hiver, c'est ski de piste à Gourette et raquettes de nuit à La-Pierre-Saint-Martin.

Vous avez le choix des stations de ski. Gourette est la plus tendance, Artouste offre un panorama exceptionnel en vallée d'Ossau et séduit particulièrement les *snowboarders* et amateurs de *freestyle*. Si les randonneurs et les pèlerins se croisent sur les Chemins de Saint-Jacques-de-Compostelle, pour la traversée des Pyrénées, à partir de St-Jean-Pied-de-Port, par les mythiques cols Bentarte et Somport, les plus fervents passeront par Lourdes, en Occitanie, à moins d'une heure de route de Pau.

Vallée d'Ossau.

Côté patrimoine

Terre natale de Gaston Fébus, « le Roi-Soleil pyrénéen », les Pyrénées ont une longue histoire. Au fil des siècles, elles ont vu s'ériger de nombreux châteaux à Pau, Morlanne et Montaner, la tour Moncade, le manoir de Laàs, le pont de la Légende à Sauveterre-de-Béarn ou encore le Fort du Portalet ! La région comprend trois vallées de caractère, des châteaux et des « villes et pays d'art et d'histoire », auxquelles s'ajoutent de nombreux savoir-faire. Depuis des siècles, les tisserands installés au bord des gaves réalisent leurs célèbres créations qui inspirent toujours de nouveaux talents.

Avec son château qui a vu naître Henri IV, ses belles demeures de villégiatures du XIXe siècle, ses « arbres et espèces remarquables », son Haras national et son panorama sur les Pyrénées, Pau mérite bien son titre de Ville d'art et d'histoire. Des applications smartphone, des visites audio-guidées, des jeux de piste et des bornes interactives permettent de découvrir autrement ce patrimoine.

Côté saveurs

Emblème du Béarn, la race de vaches béarnaises est reconnaissable à ses magnifiques cornes en forme de lyre et à l'élégance de sa robe unie couleur froment. Robuste et au caractère bien trempé, elle a échappé de peu à la disparition grâce à des éleveurs passionnés. Chaque année, de juin à septembre, bergers et troupeaux vivent et fêtent la transhumance dans les vallées des Pyrénées béarnaises. La variété du territoire alliée à une telle richesse de produits locaux attirent les chefs réputés. Au pays du bien-vivre à la béarnaise, on rencontre moult bonnes tables de la simple Assiette de Pays à la table étoilée en passant par les auberges de villages et les tables des Maîtres restaurateurs. À Gan, la cave de Jurançon permet de découvrir les coulisses de la vinification avec un guide qui retrace avec passion le parcours du raisin – de la salle des pressoirs au chai de vieillissement en passant par les cuves de fermentation – avant une dégustation des vins de Jurançon.

Les points forts

• Le Parc national des Pyrénées, trois sites nature (le Parc'Ours, le zoo d'Asson, la Falaise aux vautours) et une faune sauvage fascinante (ours, marmottes, vautours fauves, isards, bouquetins...)

• 2 sites classés par l'UNESCO (Cathédrale d'Oloron et les Chemins de Saint-Jacques)

• Gastronomie : 1er département français producteur de fromage de brebis et 2e pour le foie gras.

www.pau-pyrenees.com

bearn-pyrenees.tourisme64.com

VALLÉES DU LOT ET DE LA GARONNE

Gastronomie et patrimoine au bord de l'eau. Bienvenue dans les vallées du Lot et de la Garonne, verger du Sud-Ouest ! Ces vallées constituent une destination authentique et conviviale pour les amateurs de tourisme vert, les gourmands et pour une découverte originale du terroir et de son patrimoine au fil de l'eau, par voie fluviale. Enfoncez-vous dans les vallées du Lot et de la Baïse, en naviguant en gabare sur le canal de Garonne. Visitez les bastides et le **château de Bonaguil**. Allez jusqu'à Agen et laissez les enfants choisir. Walygator (nouveau nom de Walibi) ou Aqualand ? Accueillantes et chargées d'histoire, ces vallées offrent une multitude d'activités culturelles et de loisirs pour un séjour agréable. Le long du **canal de la Garonne, de la Baïse, du Lot et de la Garonne**, qui sont en grande partie navigables avec une péniche, choisissez un style de tourisme doux où l'on prend le temps d'aller d'écluse en écluse pour faire escale à la découverte des trésors du patrimoine local. Ne manquez pas les villes médiévales, dont Villeneuve-sur-Lot, la plus grande bastide royale de la région, puis visitez les **bastides de Monflanquin et Monpazier** et le **village de Pujols-le-Haut**, classé parmi les « Plus Beaux Villages de France ». En continuant votre chemin en amont sur le Lot, vous découvrirez le château de Bonaguil, l'un des châteaux les mieux préservés et les plus impressionnants de France. Encore plus en amont, n'hésitez pas à visiter la ville d'Agen et profitez-en pour découvrir son célèbre **aqueduc sur la Garonne**.

Zoom sur les produits gourmands

La **prune d'Ente** à la peau fine et de belle couleur bleu-mauve est mise à sécher pour obtenir le **pruneau d'Agen,** l'or noir du Lot-et-Garonne. La **noisette de Cancon**, concentré d'énergie, est un trésor au goût subtil produit près de **Cancon, bastide** du nord du Lot-et-Garonne où la coopérative Unicoque voit transiter 98 % de la production française de noisettes.

Des producteurs indépendants proposent la noisette apéritive à l'huile, à la farine complète, torréfiée, en pâte à tartiner, noisettes et chocolat et autres douceurs. Quant à la tomate venue des Amériques, elle a trouvé la terre marmandaise et son climat particulièrement à son goût, au point d'en devenir une spécialité, la Tomate de Marmande. Bien rouge et de gros calibre, légèrement côtelée, elle est saluée pour sa chair savoureuse en salade ou farcie. Ici, la fraise se décline en **Ciflorette**, **Charlotte** et **Gariguette**, en **Label Rouge**. Enfin, **la truffe blanche d'été** se trouve sur plusieurs marchés en saison à déguster en salade, à l'apéritif, émincée sur des petits toasts. Mais c'est en beurre tartiné sur un bon pain de campagne qu'elle est le plus appréciée.
www.tourisme-lotetgaronne.com

VALLÉE DE LA DORDOGNE

C'est la région des mille et un châteaux et des beaux villages, de la Route des Vins de Bergerac et des Toques du Périgord. Cette vallée baignée par la Dordogne, réserve biosphère de l'UNESCO, est aussi la destination préférée des gourmands. Du Plateau de Millevaches, vous plongez dans la Vézère et remontez la vallée de grotte en grotte jusqu'à Lascaux, pour vous initier à l'art rupestre. Partez sur les traces de Joséphine Baker au château de Milandes, flânez sur les étals du marché de Brive, amusez-vous à compter les tours à Collonges-la-Rouge. Il y en a 25 ! Et dormez... dans une maison troglodytique.

Un patrimoine bâti exceptionnel

De magnifiques bâtiments, châteaux, manoirs et églises romanes émaillent la campagne et constituent autant d'attraits patrimoniaux. Et quel plaisir de se promener dans les ruelles typiques étroites des plus beaux villages et dans les villes au centre historique préservé. Il faut voir Sarlat, ses rues pavées, ses murs en pierre de taille, ses toits de lauzes et grimper au sommet du clocher Sainte-Marie, par un ascenseur vitré panoramique pour une vue unique sur les toits et les alentours. Il faut voguer au pied de La-Roque-Gageac, se promener dans les jardins du manoir d'Eyrignac ou ceux de Marqueyssac... et partir à l'assaut du château de Castelnaud. Et bien entendu, il faut voir Collonges-la-Rouge aux bâtiments en grès rouge et son église Saint-Pierre du XIIe siècle.

Depuis la préhistoire

L'Homme occupe le territoire depuis 17 000 ans. Les peintures rupestres de Lascaux et les 15 sites préhistoriques concentrés dans la vallée de la Vézère sont autant de témoignages de sa présence et constituent des joyaux classés au patrimoine mondial de l'UNESCO. De fait, la Vallée de la Dordogne abrite le Centre international de l'art pariétal Montignac Lascaux qui emmène les visiteurs dans un voyage sur la trace de nos premiers ancêtres. Au-delà de la préhistoire, ses villages classés, ses bastides médiévales et ses « Villes d'Art et d'Histoire » font de cette destination l'un des territoires les plus riches de France en termes de monuments historiques classés.

Le château des Milandes fût la demeure de Joséphine Baker au XXe siècle.

Des rendez-vous culturels
Le territoire programme, tout au long de l'année, des festivals et événements autour de la musique, le mime, le cinéma ou à la gastronomie.

Des activités de plein air vertes et bleues
Les amoureux de la nature peuvent pratiquer de nombreuses activités : canoë-kayak, randonnée à pied ou à vélo, golf, escalade, pêche, *wakeboard*, spéléologie...

Des plaisirs gourmands
La gastronomie locale se décline autour des marchés, des foires gastronomiques, des vignobles, mais aussi des restaurants, auberges fermières ou restaurants étoilés. Pour le marché, direction Brive-la-Gaillarde aussi connue pour ses spécialités gastronomiques que pour son équipe de rugby. Il y a aussi le marché, nocturne de Sarlat où s'approvisionner en foie gras, en cèpes, en magret et confits, et selon les saisons truffes, noix, fraises...

Quelques chiffres :
• Plus de 191 sites et monuments ouverts aux visiteurs.
• 15 sites préhistoriques inscrits au Patrimoine mondial de l'UNESCO ;
• Plus de 556 kilomètres de rivières navigables

www.dordogne-perigord-tourisme.fr
tourismecorreze.com

LIMOGES

Limoges conjugue le savoir-vivre et manger à la française avec ses services de porcelaine qui ornent les tables les plus prestigieuses du monde. Elle est reconnue pour cela comme « ville créative de l'UNESCO ». Venez à Limoges pour ses ateliers d'émaux et de porcelaine, mais aussi pour jouer au golf, aller au concert ou plonger au lac de Saint Pardoux. Rendez-vous rue de la Boucherie pour la **Frairie des Petits Ventres**, festival de la gastronomie limougeaude s'il en est.

Monuments historiques du centre-ville
Le **quartier de la Boucherie et le quartier de la Cité** rassemblé autour de la cathédrale avec ses maisons à colombages et ses bars, demeurent les plus pittoresques de Limoges avec leurs restaurants gourmands et boutiques aux devantures d'antan. La rue de la Boucherie doit son nom aux boucheries et triperies présentes au siècle dernier.

« Les Routes de la Porcelaine »
22 entreprises de porcelaine de Limoges se sont réunies en un réseau afin de représenter et promouvoir la tradition de la porcelaine de Limoges, protégée par une IGP – Indication Géographique Protégée.
www.routes-porcelaine-limoges-haute-vienne.fr

Visites culturelles
Ne pas manquer la visite du **Musée National de la Porcelaine Adrien Dubouché**. Rénové et doté d'une muséographie repensée, il propose un voyage passionnant à travers l'histoire de la céramique au rythme des civilisations et des continents, et possède une collection de porcelaines exceptionnelles. Faites un saut au **Four des Casseaux**, témoin du travail titanesque réalisé par les ouvriers porcelainiers lors des cuissons des pièces de porcelaines au XIXe siècle.

Promenade dans le quartier de la Boucherie à Limoges.

Fresque « Mémoire du XXe Ciel » d'Yslaire, square Saint-André à Angoulême.

Le **Musée des Beaux-Arts** vous permettra de découvrir une magnifique collection d'émaux du Moyen Âge et des œuvres contemporaines remarquables. La salle dédiée aux peintres impressionnistes abrite des tableaux de **Renoir**, né à Limoges, des œuvres de **Suzanne Valadon** née à Bessines, au nord de Limoges, et mère de Maurice Utrillo. Vous trouverez le **Musée de la Résistance** dans le quartier de la Cité.

Shopping ciblé

Vous ne manquerez pas d'avoir des coups de cœur dans les boutiques des **manufactures de porcelaine** : Bernardaud, Haviland, Royal Limoges... Pour le cuir, direction le magasin d'usine **Weston**, chaussures de luxe fabriquées à Limoges depuis 1891.

La gare des Bénédictins

Monument emblématique de la ville avec son majestueux campanile perché à 61 m de hauteur, sa coupole et ses vitraux Art déco… l'une des plus belles gares d'Europe. Elle a d'ailleurs servi de décor au clip « Chanel N° 5 », réalisé par Jean-Pierre Jeunet avec l'actrice Audrey Tautou !

Viande limousine et Baronet

Côté saveurs, ne partez pas sans avoir dégusté la sublime viande **limousine**, réputée pour sa tendreté et son persillé accompagnée de cèpes, un vrai délice, ou encore une côtelette d'agneau « Baronet », un label local qui vous garantit une viande particulièrement goûteuse.

A visiter à proximité :

Le parc animalier du Reynou à découvrir en famille.

Les ganteries de Saint-Junien qui fournissent les grands couturiers parisiens.

Le Centre de la Mémoire et le village martyr d'Oradour-sur-Glane.

Le lac de Vassivière et la Cité de la tapisserie d'Aubusson à l'Ouest.

www.limoges-tourisme.com
www.tourisme-hautevienne.com

ANGOULÊME

Connue comme la capitale de la bande dessinée, ville de la BD et de l'image, Angoulême conjugue bien d'autres attraits. Mais ce sont les bulles qui attirent des milliers de visiteurs chaque année durant son festival. A l'origine, en 1969, trois amis décident de créer un événement récurrent pour célébrer la bande dessinée (BD). Année après année, le rassemblement prend de l'ampleur et, en janvier 1974, c'est la naissance du Festival international de la bande dessinée devenu aujourd'hui un événement majeur pour la discipline. Mais c'est toute l'année que les rues d'Angoulême, capitale du « neuvième art », réservent une grande place à toutes sortes de bulles et de dessins que vous verrez sur les façades.

Au cœur du vignoble de cognac et forte d'un patrimoine historique et culturel unique, Angoulême surplombe la Charente, comme un bateau sur son piton rocheux et vous invite à la flânerie. Ne manquez pas une visite guidée dans le Train des Valois qui délivre une mine d'informations sur le centre historique. On déambule dans une petite cité paisible et charmante avec un centre au patrimoine remarquable autour du joyau de sa cathédrale romane, et de l'hôtel de ville, ancien château des comtes d'Angoulême.

La BD n'est pas la seule entrée culturelle de la ville, fin août, les cinéphiles envahissent les salles de projection pour le festival du film francophone... D'autres musées sont à visiter : musée du papier, dans une ancienne papeterie des bords de la Charente, musée des Beaux-Arts (musée de France), musée de la société archéologique et historique de la Charente avec d'importantes collections de faïences d'Angoulême et d'ailleurs, émaux limousins médiévaux, de la Renaissance et au-delà, verreries, étains, ferronnerie, etc.

Le fleuve Charente occupe un rôle important dans la destination, offrant de nombreuses activités et possibilités de découvertes. Les amateurs de cyclotourisme pourront, quant à eux, suivre le fleuve via l'itinéraire Flowvélo, qui relie la Dordogne à l'île d'Aix, en longeant la Charente. La campagne et les alentours d'Angoulême recèlent de belles découvertes et des surprises, à l'image des Lacs de Haute-Charente, des thermes de Cassinomagus figurant parmi les monuments antiques les mieux conservés d'Europe, le charmant village et château de Verteuil-sur-Charente, ou plus au sud, Aubeterre-sur-Dronne, l'un des plus beaux villages de France, avec son église monolithe exceptionnelle.

TGV
Angoulême/Paris : 2h. Angoulême/Bordeaux : 35 min.
www.angouleme-tourisme.com

COGNAC

Cognac, c'est d'abord le plus grand vignoble de raisin blanc d'Europe avec ses 75 000 ha à 1h30 de Bordeaux et 2h de Paris. Passez les portes des plus grandes maisons : Rémy Martin, Martell, Hennessy... Des générations qu'ils sont là, ils s'y connaissent en nectar des dieux... Après l'initiation, place à la dégustation ! Savez-vous que le cognac se marie fort bien avec un carpaccio de poisson ? Le soir, possibilité de dormir dans des chais 5 étoiles pour être à la première heure sur le green du Golf du Cognac... Une certaine qualité de vie, non ?

Cognac, une ville, un pays, un nectar

L'histoire fabuleuse de la ville est étroitement liée à celle de son « or brun », la « liqueur des dieux », selon la formule de Victor Hugo. Au XVe siècle déjà, la région produisait du vin. Il faut toutefois attendre le XVIIe siècle pour que la double distillation soit inventée et que l'on voit la naissance du cognac. Aujourd'hui, toutes les grandes maisons de cognac proposent des visites guidées et des dégustations, avec des expériences immersives. Hennessy, Remy Martin, Martell, Courvoisier, Camus, Otard, Meukow, chacune a sa propre saga et des propositions surprenantes : lieux magiques, expositions thématiques et même mini-croisière sur la Charente avec dégustation.

Hommage au cognac

Ne manquez pas de visiter le musée des arts de Cognac, au centre du vieux quartier de la ville, berceau de François 1er. A deux pas, l'hôtel Chais Monnet (5 *) allie patrimoine architectural, créations et design contemporains. Le Chef Marc Antoine Lepage invite les convives à vivre une expérience gastronomique unique et le bar propose la plus grande sélection de cognac au monde.

Un port fluvial en ville

Autrefois port de commerce animé, Cognac dispose désormais d'un port de plaisance fonctionnel et accueillant. Proche du centre de la ville, l'endroit est apprécié des plaisanciers qui naviguent sur la paisible Charente (361 km) dont Henri IV disait qu'il s'agissait du plus beau ruisseau du royaume. La Charente est navigable sur 170 km d'Angoulême à Rochefort, port d'attache de la frégate *Hermione*. On peut louer des bateaux sans permis au port. La région se découvre aussi en voiture ou à vélo avec la Flow Vélo, itinéraire cyclable reliant l'Ile d'Aix à la Dordogne avec les villes d'Angoulême, Saintes et Rochefort pour principales étapes.

www.infiniment-charentes.com

NIORT-MARAIS POITEVIN

Fenêtre sur l'Atlantique, le Marais poitevin, deuxième plus grande zone humide de France valorisée et préservée par un parc naturel régional, conjugue la sérénité d'une destination nature à une offre d'animations plus urbaines sur fond de convivialité et de douceur de vivre. Celle que l'on appelle la Venise Verte de Nouvelle-Aquitaine est une destination d'écotourisme par excellence, classée Grand Site de France et l'une des régions clés pour l'observation des oiseaux et les vacances au vert. S'ajoutent au programme les saveurs et savoir-faire. Enfoncez-vous dans le dédale des canaux du Marais poitevin avec les bateliers (embarcadères à Coulon et Magnè). Partez à vélo pour rejoindre l'Atlantique par la Vélo Francette, le long des 600 km d'itinéraires balisés, avec étapes gastronomiques, pique-niques de jambon vendéen, de Chabichou du Poitou et d'Angélique confite.

Découverte du Parc naturel du Marais poitevin.

Au pied du donjon de Niort, les enfants ne seront pas les seuls à se sentir minuscules et à la nuit tombée l'eau du marais s'enflammera pour tenir les monstres et autres créatures diaboliques à distance. Ce territoire un peu magique mêle légendes et histoire vraie. Où peut-on voir des dragons ? Qu'est-ce qu'une conche ? Est-il vrai que Madame de Maintenon a vécu son enfance dans les marais ? C'est vrai, tout comme le fait que l'on produit à Echiré, un beurre si bon qu'il est servi à l'Élysée. Et savez-vous qu'elle est la spécificité du donjon de Niort ? Vous allez en apprendre des choses !

Niort, capitale verte et bleue

Chef-lieu du département des Deux-Sèvres, au cœur d'une agglomération de plus de 110 000 habitants, Niort est réputée pour être le siège historique des principales mutuelles françaises. Plutôt connue désormais pour son engagement pour un développement durable et respectueux de l'environnement, la ville fait la part belle aux déplacements doux et aux espaces naturels. Elle a été élue Capitale française de la biodiversité, en 2013, pour sa trame verte et bleue et l'attention portée aux zones humides, pour ses espaces verts et ses transports doux. Niort est par ailleurs labellisée « Ville et Métiers d'Art », forte du « 36 quai des Arts » situé sous les halles, vitrine pour quelques 200 métiers d'art. On se promène en ville, des jardins de la Brèche jusqu'aux bords de Sèvre pour apprécier le centre médiéval de cette cité qui prospéra autour de ses activités de négoce. Le donjon d'Aliénor d'Aquitaine, sentinelle historique dominant la Sèvre, et les Halles de style Baltard sont deux fleurons de la ville, mais on peut aussi apprécier les maisons à colombages, un atelier de céramique, le Pilori et son histoire, la maison de la Vierge, le parvis des Halles et les marchés couverts toujours très animés.

Les 7 sites d'intérêt

- La Maison du Marais Poitevin de Coulon
- Le Parc ornithologique « Les Oiseaux du Marais poitevin » de Saint-Hilaire-la-Palud
- Du Coq à l'Âne, asinerie et savonnerie du Marais Poitevin à Saint-Georges-de-Rex
- Le château du Coudray-Salbart d'Echiré
- Le musée Bernard d'Agesci de Niort
- Le parc animalier Zoodyssée à Villiers-en-Bois
- Le Donjon de Niort

www.niortmaraispoitevin.com
www.tourisme-deux-sevres.com

LA ROCHELLE-ÎLE DE RÉ

Son regard est tourné vers l'océan. La Rochelle vous invite à flâner sur son Vieux Port. Admirez ses trois tours, véritables témoins de l'histoire de la ville (l'une d'entre elles porte la mémoire des prisonniers qui y ont séjourné avec plus de 600 graffitis sur ses murs). Elles ont en effet vu partir de nombreux explorateurs. Ensuite, cap sur l'île de Ré ! Là-bas, vous louerez des vélos pour faire le tour des marais salants, puis vous rattraperez le sentier des fortifications Vauban. Vous avez faim ? Un plateau de Marennes Oléron s'impose, la visite de l'île du même nom également.
www.ile-oleron-marennes.com

Découverte de La Rochelle

Commencez par la visite des trois tours. Au pied de **la tour de la Chaîne**, on emprunte le bateau passeur pour une promenade express sur l'eau entre les deux tours. Puis, direction le quartier du Gabut**, ancien quartier de pêcheurs**, le Gabut et ses maisons de bois colorées, nous rappellent que la ville était un grand partenaire commercial des pays scandinaves. Autre quartier au passé maritime, le quartier Saint-Nicolas, petit village dans la ville, abrite **boutiques de créateurs, friperies, galeries d'art, bouquinistes et libraires**. Une halte s'impose au **bar de La Guignette**, le repaire de la jeunesse rochelaise. En famille, **la visite de l'Aquarium** est incontournable.

Le **musée maritime** également, au fond du bassin des chalutiers. En ville, on part à la recherche des plus **belles demeures à colombages** et des **anciennes maisons d'armateurs**. On croise la **Cathédrale Saint-Louis**, le **Musée d'Histoire naturelle** ou le **Musée du Nouveau Monde** dévoilant dans sa cour une majestueuse statue de Toussaint Louverture du sculpteur sénégalais Ousmane Sow. Il faut aller faire son marché sous les halles du XIXe siècle dont les étals débordent dans les rues environnantes, un vrai plaisir. Il est temps d'aller à la plage, celle des Minimes, de la Concurrence ou de Chef de baie, la plus loin et la préférée des Rochelais. Mais ce qui rassemble le plus de visiteurs ce sont les Francofolies, l'événement musical de juillet.
www.larochelle-tourisme.com

L'île de Ré, l'île « blanche »

Reliée à La Rochelle par un pont de 2,9 km, l'île de Ré offre 85 km² de liberté et d'ambiance salée, 30 km de long, entre terre, mer et ciel. La meilleure façon de vous déplacer sur cette île c'est en pédalant ! 110 km de **pistes cyclables** s'offrent à vous pour découvrir **Ré** avec ses maisons basses aux volets verts, ses roses trémières et ses dunes. Ici on cultive un bel art de vivre dont le succès n'a jamais été démenti. On peut pique-niquer dans les bois de pins, faire du cerf-volant à la Conche, goûter les productions locales : pommes de terre, pineau, cognac, bière, confiture, huîtres... Puis faire les boutiques sur le port de Saint-Martin, grimper en haut du **phare des Baleines**,
www.iledere.com

Une destination multiple

De retour sur le continent, Rochefort est une ville de choix pour une immersion dans le passé maritime de la destination. L'Arsenal des Mers permet de visiter quatre sites majeurs, l'Hermione, célèbre réplique de la frégate de La Fayette, le musée national de la marine, la Corderie Royale et l'accro-mâts, un parcours ludique d'équilibre dans la mâture d'un voilier. Il est temps ensuite de flâner dans les marais salants au coucher du soleil, ou de parcourir la grande plage de la station Belle Époque de Châteillaillon avant de s'offrir une expérience unique de bien-être et de remise en forme dans un centre de thalassothérapie.

VASSIVIÈRE – PLATEAU DE MILLEVACHES

C'est une région verte de vallons parsemés de lacs et de forêts, proche de Limoges, qui regroupe la vallée des impressionnistes en Creuse, le Parc Naturel Régional de Millevaches, le lac de Vassivière. C'est aussi un paradis pour les pêcheurs, les randonneurs et les ornithologues.

Le lac de Vassivière est si grand qu'on s'y déplace en bateau-taxi. On peut y pêcher, y faire du canoë, du paddle, du *wakeboard* ou de la brasse coulée. Les plus sportifs prendront le départ de la Transmillevaches à VTT, à la découverte du Plateau de Millevaches. Plutôt artistes ? Emmenez vos pinceaux dans la Vallée des Peintres. Faites aussi un crochet par la Cité de la tapisserie à Aubusson pour tout savoir de la tapisserie...

Un lac balnéaire et sauvage à la fois
Les plages de sable fin et les ports de plaisance du lac de Vassivière offrent plusieurs activités nautiques, allant de la navigation de plaisance aux visites à bord de bateaux de croisière. Profitez des forêts majestueuses, explorez les sentiers à pied, à cheval, en VTT ou en quad. C'est une terre de légendes alliant création artistique contemporaine et traditions locales.

Millevaches, mille sources
Situé **au cœur du Limousin**, le **plateau de Millevaches** tirerait son nom, du terme germanique « batz » (source) ce qui en ferait le pays aux mille sources. Vraisemblable pour ce site remarquable ou alternent tourbières, landes sèches à bruyères, forêts de feuillus, et cours d'eau à l'origine de nombreuses rivières dont la Creuse, la Vézère ou la Vienne... Il abrite des espèces animales fragiles, comme la loutre, et constitue une terre d'étape pour les oiseaux migrateurs. C'est aussi le paradis des pêcheurs et des randonneurs.

La vallée des peintres
Sur une quinzaine de kilomètres, de Fresselines à Crozant, le long de la Creuse, la vallée des peintres offre des paysages remarquables qui ont inspiré de grands artistes de la fin du XIXe aux années 1920. À mi-chemin entre sa source et sa confluence avec la Vienne, la rivière a percé des gorges qui ont fait rêver des dizaines de peintres impressionnistes. **Monet, Sand, Maillaud**... Du **village de Crozant** démarre le **« sentier des peintres »** , au pied de l'église. Sur 4 km, une promenade familiale dans une nature préservée longe la confluence de la Creuse et de la Sédelle, croise le pont granitique Charreau et les ruines de l'ancienne forteresse. Transformée en **Centre d'interprétation du paysage**,

Lac de Vassivière.

l'ancien hôtel Lépinat évoque **Armand Guillaumin,** un des premiers impressionnistes, ou **Francis Picabia,** pionnier du surréalisme et toute l'histoire de cette vallée inspirante, à travers une belle scénographie.

A proximité, ne pas manquer la Cité Internationale de la tapisserie d'Aubusson inscrite au Patrimoine immatériel de l'humanité de l'UNESCO et le village de Felletin, capitale de la laine qui abrite de nombreux ateliers d'artisans.
www.lelacdevassiviere.com
www.tourisme-hautevienne.com
www.tourismecorreze.com

POITIERS-FUTUROSCOPE

Poitiers, ville d'art, d'histoire et... du Futuroscope. Cité romane surnommée « la ville aux 100 clochers », Poitiers deux fois millénaire, au très riche patrimoine avec un centre-ville médiéval de toute beauté, ose le contraste avec la proposition moderne et futuriste de son Futuroscope. Baignée par les rivières Clain et Boivre, c'est une ville étudiante très agréable à vivre, riche d'un dynamisme culturel et artistique, au cœur d'espaces naturels.
Vous découvrez une ville verte située sur le chemin de Saint-Jacques-de-Compostelle, passage privilégié et escale de choix pour les pèlerins du nord de la France et de l'Europe. À quelques kilomètres, il faut visiter l'abbaye de Saint-Savin, classée par l'UNESCO, connue pour ses magnifiques peintures murales des XIe et XIIe siècles, dans un état de conservation remarquable. De retour à Poitiers, profitez du centre piéton où l'on peut agréablement cheminer du quartier épiscopal à celui des Trois Quartiers, en passant devant les maisons à pans de bois et l'incomparable façade sculptée de Notre-Dame-la-Grande, un des joyaux de l'art roman poitevin. Descendre la Grand-Rue depuis le centre-ville jusqu'au Clain et grimper à nouveau. Le Poitiers des piétons est assez sportif ! Et faites comme les locaux, allez méditer et lire au bord du Clain, faites provision au marché de produits terre et mer, testez les petits restaurants du centre-ville et les spécialités gourmandes de la ville. Que du bonheur !
visitpoitiers.fr

Futuroscope, un incontournable de la Nouvelle-Aquitaine, et une autre découverte à faire en famille. Au pays des robots, des mondes invisibles et des chocs cosmiques, vous embarquez pour une formidable aventure avec plus de 40 attractions sensationnelles. Bref, bienvenue dans un monde d'expériences uniques. Vous ne manquerez pas quatre autres fleurons touristiques, à proximité :
- DefiPlanet, 1er village insolite et nature de France situé à 25 min du Futuroscope avec son parc à thème pour sauver la planète.
www.defiplanet.com
- La Vallée des singes à Romagne : 450 singes et 34 espèces en totale liberté
- Le village flottant de Pressac
- La station thermale et de bien-être de La Roche-Posay.
www.tourisme-vienne.com

Et venez en TGV, Poitiers a sa gare TGV à 1h15 de Paris et 1h05 de Bordeaux.

FÊTES ET MANIFESTATIONS

De grandes fêtes populaires, traditionnelles ou sportives, du mime, des livres, de la gastronomie ou encore du rock, du blues, de la chanson française, : la Nouvelle-Aquitaine vous donne rendez-vous tout au long de l'année. A partager, des temps forts très typés du Festival International de la bande dessinée d'Angoulême aux Foires grasses de Brive-la-Gaillarde, des Francofolies de La Rochelle aux fêtes de la Madeleine de Mont-de-Marsan. Au programme : des couleurs, de la feria, de la pelote basque, du rugby, sans oublier de grandes rencontres culturelles.

PRINTEMPS

- **Gamers Assembly à Poitiers** qui rassemble des joueurs de jeux vidéo en réseau – en avril.
- **Festival international du cerf-volant et du vent** de Châtelaillon-Plage – mi-avril.
- **Foire au Jambon de Bayonne** qui se déroule depuis 1462. – durant la troisième semaine d'avril.
- **Grand prix de Pau**, course automobile – fin mai-début juin.
- **Bordeaux fête le fleuve, Bordeaux fête le vin**, en alternance, fête populaire bordelaise, année paire, autour des vins de Bordeaux, année impaire, animations nautiques et artistiques sur les deux rives de la Garonne – en juin.
- Nouvelle Exposition à la **Cité du vin** de Bordeaux : « Boire avec les Dieux ». Printemps 2021.

© STÉPHANE PARISI - STOCK.ADOBE.COM

Le surf est une tradition en Nouvelle-Aquitaine.

ETÉ

- **Maraisthon de Coulon,** un marathon différent qui mêle écologie, sport, nature et tourisme – en juin
- **Garorock à Marmande,** festival de musique rock, électro et techno – fin juin.
- **Cognac blues passions** festival de musiques afro-américaines – début juillet.
- Les **Francofolies de La Rochelle** festival de musique créé en 1985 par Jean-Louis Foulquier – mi-juillet.
- **Fêtes de la Madeleine** de Mont-de-Marsan, avec fête foraine, animations de rue et tauromachie. – troisième semaine de juillet.
- **Fêtes de Bayonne**, durant quatre jours, plus d'un million de *festayres* en costume traditionnel – dernière semaine de juillet.
- **Brive festival**, festival de musiques actuelles – en juillet.
- **Mimos à Périgueux**, festival des arts du mime et du geste – fin-juillet début-août.
- **Reggae Sun et Ska** à Vertheuil, dans le Médoc, festival de musique – début août.
- **Feria de Dax**, cinq jours de corridas, courses landaises, concerts, défilés folkloriques, bandas et groupes de musique – mi-août.
- **Soirées lyriques de Sanxay**, festival d'opéra en plein air – mi-août.
- **Musicalarue à Luxey**, plus de 60 groupes de musique, troupes et compagnies de théâtre – mi-août.
- **Lacanau pro**, compétition internationale de surf – mi-août.
- Le **Marathon des châteaux du Médoc**, 42,195 km de bonne humeur dans le prestigieux vignoble girondin avec dégustations et déguisements en prime – en septembre.
- **Pruneau show d'Agen**, festival mêlant musique, arts de la rue et gastronomie – fin août-début septembre.
- **Toques et porcelaine** à Limoges, fête gastronomique animée par les chefs et les porcelainiers – troisième week-end de septembre.

AUTOMNE

- **Rue des Métiers d'Art** avec la présence d'une trentaine d'artisans d'art et de créateurs, à Nontron – en septembre.
- **Les portes du cuir à Saint-Junien** (biennale) – en septembre.
- **Polar Festival Cognac –** mi-octobre.
- Les **Montgolfiades de Saint-Émilion** – mi-octobre.
- **Grand prix de Bordeaux** au golf Bordeaux-Lac – mi-octobre.
- Les **5 étoiles de Pau**, concours Complet International d'équitation – cinq jours durant la seconde quinzaine d'octobre.
- **Fête de la Châtaigne et du Cèpe** à Villefranche-du-Périgord – 3e week-end d'octobre.

- **Journée de la laine à Felletin**, sur le plateau de Millevaches près d'Aubusson – fin-octobre.
- **Fête du piment** à Espelette – dernier week-end d'octobre.
- **Armagnac en fête** – Labastide d'Armagnac – octobre.
- **Foire du livre de Brive** – début novembre.
- Le **festival international du film ornithologique de Ménigoute –** durant la semaine de la Toussaint.
- **Foire aux dindons** de Varaignes avec banquet festif – le 11 novembre.
- **Festival du Film de Sarlat** – mi-novembre.
- Festival de jazz **Éclats d'Émail** de Limoges – 10 jours la troisième semaine de novembre.
- **Grand Pavois,** salon nautique international à flot de La Rochelle – fin septembre-début octobre.
- Le **marathon de La Rochelle Serge Vigot –** fin-novembre.

HIVER

- **Poitiers Film Festival** – fin novembre - début décembre.
- **Portes ouvertes vignobles de jurançon et Pessac Léognan** – premier week-end de décembre.
- **Marchés de Noël :** rendez-vous traditionnels avec chalets en bois pour les artisans d'art, produits locaux, huîtres et vin blanc, chocolat ou du vin chaud, et festivités dans les principales villes de la région : de Limoges à La Rochelle, de Bordeaux à Biarritz ou Aubusson – en décembre.
- **Marchés aux gras et aux truffes** ceux de Sarlat, de Brive-la-Gaillarde ou de Terrasson-Lavilledieu sont parmi les plus réputés – entre décembre et mars.
- **Festival de la bande dessinée d'Angoulême** – fin janvier.
- **Sarlat fest'oie**, la fête de l'oie – premier week-end de mars.

DES EXPÉRIENCES MULTIPLES

Collonges-la-Rouge.

DE NOMBREUX SITES UNESCO

Plusieurs sites de Nouvelle-Aquitaine sont inscrits sur la liste du patrimoine mondial de l'humanité dressée par l'UNESCO. Cette distinction décernée par l'ONU les met en lumière en attestant de leur valeur universelle exceptionnelle. Certains sites sont de renommée mondiale comme Bordeaux/Port la Lune ou la juridiction de Saint-Émilion, d'autres plus confidentiels. S'ajoutent les collections thématiques avec les sites préhistoriques et grottes ornées de la vallée de la Vézère, la partie régionale des chemins de Saint-Jacques-de-Compostelle en France, les fortifications Vauban et les œuvres architecturales de Le Corbusier.

Les sites Vauban

De nombreux sites majeurs et vestiges de fortifications de Vauban sont visibles et valorisées en Nouvelle Aquitaine. On peut citer, en montagne, dans les Pyrénées atlantiques : les vestiges des remparts de Navarrenx, la citadelle et les tours bastionnées de Saint-Jean-Pierre-de-Port et, aux confins de l'océan, la citadelle de Bayonne. La Charente-Maritime abrite aussi un riche patrimoine Vauban : citadelle du Château d'Oléron, fort Lupin, vestiges des fortifications de La Rochelle, fort de Fouras, fort de l'Île Madame, fortifications de Saint-Martin-de-Ré. L'un des fleurons de Vauban reste le Verrou de l'Estuaire de la Gironde édifié de part et d'autre de l'estuaire pour protéger Bordeaux. Il se compose de trois fortifications : la Citadelle de Blaye sur la rive droite, le Fort Pâté sur une île, et le Fort Médoc sur la rive gauche. Le Verrou de l'estuaire est inscrit sur la Liste du patrimoine mondial de l'UNESCO. S'ajoutent en Gironde : fort Médoc, fort Paté, sur l'une des îles de l'estuaire.

Les œuvres de Le Corbusier

Deux des 17 sites Le Corbusier classés par l'UNESCO sont en Nouvelle-Aqutaine. Édifiée en 1935, la villa le Sextant, située sur la commune des Mathes à La Palmyre, a été dessinée comme maison de vacances par Le Corbusier pour un couple d'amis et leurs trois jeunes enfants. A Pessac, la Cité Frugès fut inaugurée en 1926. Sous l'appellation des Quartiers modernes Frugès, elle illustre bien l'approche expérimentale et la volonté de Le Corbusier de transgresser les conventions et les savoir-faire de son époque. L'ambition conjointe du commanditaire, l'industriel sucrier girondin Henry Frugès et des architectes Le Corbusier et Pierre Jeanneret, fut de marier art, progrès social et innovation constructive.

Bordeaux, Port de la Lune

La validation de sa candidature UNESCO en 2007 repose sur son patrimoine extraordinaire : c'est au monde le premier ensemble urbain distingué sur une zone aussi vaste, de l'intérieur des boulevards jusqu'au fleuve, soit près de la moitié de la superficie de la ville.

Bien que son économie portuaire lui ait apporté diverses influences architecturales, notamment de l'Angleterre et des Pays-Bas, la capitale de la Nouvelle-Aquitaine présente un bâti d'une remarquable homogénéité, des façades de pierre claires classiques et néoclassiques, arborant de riches décors et des balcons ouvragés. La ville de Paris exclue, c'est aussi la métropole française qui compte le plus de bâtiments protégés.
www.bordeaux-tourisme.com

L'abbatiale de Saint-Savin-sur-Gartempe

Situé à l'est de Poitiers, ce fleuron de l'art roman en Poitou entre dans la liste UNESCO en 1983 en tant que « chef-d'œuvre du génie créateur de l'Homme » et « témoignage remarquable d'une civilisation disparue ». Ses fresques commanditées par les moines bénédictins nous sont parvenues dans un état de fraîcheur remarquable. Déployées sur l'imposante voûte de la nef, elles se composent de 61 scènes (dont 44 visibles aujourd'hui) qui retracent les épisodes les plus importants de l'Ancien Testament. S'y ajoute l'intérêt de l'église-halle et des bâtiments monastiques liés.
www.abbaye-saint-savin.fr

La juridiction de Saint-Émilion

Composée de huit communes correspondant à la juridiction établie au XIIe siècle par le roi d'Angleterre Jean-Sans-Terre, elle constitue, dixit l'UNESCO, un « exemple remarquable d'un paysage viticole historique qui a survécu intact » et « illustre de manière exceptionnelle la culture intensive de la vigne à vin dans une région délimitée avec précision ».

C'est en 1999 le **premier territoire viticole** classé au patrimoine mondial de l'humanité. La viticulture a en effet été introduite très tôt ici : ce sont les Romains qui, les premiers, plantèrent des vignes. La production de vin s'est intensifiée au Moyen Âge et n'a cessé depuis, reconnue par de très grands crus, portée par de grands châteaux.
À ce paysage façonné par cette activité, s'ajoute la présence de nombreux monuments historiques de qualité, comme l'église monolithe entièrement creusée dans la masse de la falaise calcaire à Saint-Émilion, ou l'imposant menhir de Pierrefitte à Saint-Sulpice-de-Faleyrens.
www.saint-emilion-tourisme.com

Les sites préhistoriques et grottes ornées de la vallée de la Vézère

En 1979, se classent au patrimoine mondial de l'humanité 15 sites du Périgord Noir en Dordogne. Tous illustrent l'importance de la vallée de la Vézère à la préhistoire, qui comporte à elle seule 147 gisements remontant jusqu'au Paléolithique et 25 grottes ornées. Ces chefs-d'œuvre de l'art préhistorique présentent un intérêt exceptionnel d'un point de vue ethnologique, anthropologique et esthétique, notamment pour leurs peintures pariétales. Si la grotte de Lascaux s'y distingue en particulier pour ses figures animales étonnantes, par la précision de l'observation, la richesse des coloris et la vivacité du rendu, la liste invite aussi à voir d'autres lieux comme la grotte des Combarelles aux 800 gravures de la faune du Quaternaire accompagnées de dessins et de représentations humaines schématiques ou encore la frise sculptée d'animaux sur la paroi de l'abri sous roche de Cap-Blanc.

Les chemins de Saint-Jacques-de-Compostelle en France

En France, convergent de toute l'Europe de grandes voies vers Saint-Jacques-de-Compostelle. En Nouvelle-Aquitaine,

La Porte Saint-Jacques à Saint-Pied-de-Port est sur le chemin de Compostelle.

chacun des grands chemins – Paris, Vézelay, Le Puy-en-Velay et Arles – vient franchir les Pyrénées pour gagner l'Espagne et son sanctuaire. Au bord de ces routes, le patrimoine marqué du passage des pèlerins, fait de cathédrales, d'églises, d'hospices, de basiliques et d'abbayes, s'inscrit au patrimoine mondial de l'humanité en 1998, rejoignant ainsi les chemins de Saint-Jacques-de-Compostelle en Espagne.

71 éléments associés au pèlerinage ont été retenus pour illustrer leur diversité géographique, le développement chronologique du pèlerinage entre les XIe et XVe siècles, et les fonctions essentielles de l'architecture, comme l'ancien hôpital des pèlerins à Pons ou la Porte Saint-Jacques à Saint-Jean-Pied-de-Port. En outre, sept tronçons du Chemin du Puy sont inclus couvrant près de 160 km de route, dont la partie d'Aroue à Ostabat-Asme.

Les monuments concernés en Nouvelle-Aquitaine :

Agen : *Cathédrale Saint-Caprais*
Aire-sur-l'Adour : *Église Sainte-Quitterie*
Aulnay : *Église Saint-Pierre*
Bayonne : *Cathédrale Sainte-Marie*
Bazas : *ancienne Cathédrale Saint-Jean-Baptiste*
Bordeaux : *Basilique Saint-Seurin, Basilique Saint-Michel et Cathédrale Saint-André*
Le Buisson-de-Cadouin : *Église abbatiale Notre-Dame de la Nativité*
L'Hôpital-Saint-Blaise : *Église Saint-Blaise*
Melle : *Église Saint-Hilaire*
Mimizan : *Clocher-porche de l'ancienne église*

Oloron-Sainte-Marie : *Église Sainte-Marie*
Périgueux : *Cathédrale Saint-Front*
Poitiers : *Église Saint-Hilaire-le-Grand*
Pons : *Ancien hôpital des Pèlerins*
Saint-Avit-Sénieur : *Église Saint-Avit*
Saint-Jean-d'Angély : *Abbaye royale Saint-Jean-Baptiste*
Saint-Jean-Pied-de-Port : *Porte Saint-Jacques*
Saint-Léonard-de-Noblat : *Église Saint-Léonard*
Saint-Sever : *Abbaye de Saint-Sever*
Saintes : *Église Saint-Eutrope*
La Sauve : *ancienne Abbaye Notre-Dame de la Sauve Majeure et Église Saint-Pierre*
Sorde-l'Abbaye : *Abbaye Saint-Jean*
Soulac : *Église Notre-Dame-de-la-Fin-des-Terres*

LE BERCEAU DE L'HUMANITÉ

Les premiers hommes ont laissé en Nouvelle-Aquitaine de merveilleux témoignages de leur présence. Les plus beaux vestiges du paléolithique en France sont concentrés le long de la vallée de la Vézère, dans le Périgord, également appelée « vallée de l'Homme ». Voici quelques pistes pour explorer le monde fascinant de la préhistoire en Nouvelle-Aquitaine :

© GAPS

La Roque Saint-Christophe.

Le plus impressionnant : Lascaux IV, Centre international de l'art pariétal

Un joyau de la préhistoire restitué grâce au **Centre international de l'art pariétal** qui dévoile la totalité des dessins et peintures avec à la réalisation d'un fac-similé. Dès l'entrée, l'effet est prodigieux, l'atmosphère « souterraine » reconstituée quant à la température, l'humidité, les sons, l'obscurité, vous plonge dans un autre monde et les œuvres d'art pariétal exercent une grande fascination. Vous poursuivez l'aventure dans l'exploration passionnante de l'espace muséographique Lascaux et de la Préhistoire déployé sur 8 500 m² et fort de nombreux dispositifs scénographiques.
www.lascaux.fr

Le plus surprenant : le site de La-Roque-Saint-Christophe

C'est le **plus grand ensemble troglodytique d'Europe**. Il présente des habitations troglodytiques en surplomb de la Vézère et dévoile la vie de l'Homme de Néandertal, mais également celle de Cro-Magnon puis la société et ses traditions du Moyen Âge jusqu'au début de la Renaissance. Des panneaux didactiques

explicitent les différentes parties du site, un film en 3D évoque l'architecture et les aménagements de la falaise aux différentes époques, mais c'est avec une visite guidée que vous appréhenderez au mieux la vie quotidienne des peuples des falaises. Vous pourrez également assister selon les périodes de l'année à la démonstration de l'impressionnante cage à écureuil et manipuler différents engins de levage comme la grue à balancier ou le cabestan.
www.roque-st-christophe.com

Le plus exceptionnel : le musée de l'Homme de Néandertal à la Chapelle aux Saints

Près de Brive, le Musée de l'Homme de Néandertal vous propose d'aller à la rencontre de ce lointain ancêtre (45 000 ans av. J.-C.). Le squelette découvert en 1908, dans une grotte située à proximité, est une référence archéologique et historique connue par les paléontologues du monde entier. Ce petit musée très pédagogique vous propose une visite pleine de surprises et d'informations surprenantes. Deux squelettes, l'un néandertalien et l'autre homo sapiens vous permettent d'observer les différences anatomiques entre les deux hommes. Des animations sont proposées aux familles : réalisation de dessins à base d'ocre et de charbon, confection d'un feu ou encore initiation à la chasse au propulseur.
www.neandertal-musee.org

Dans les Landes : PréhistoSite de Brassempouy

La Préhistoire expliquée à tous... On visite en famille l'Archéoparc et ses reconstitutions d'animaux et d'habitats, on découvre les objets préhistoriques trouvés sur le site de la grotte du Pape, rendu célèbre par la découverte en 1894 de la fameuse Dame à la Capuche, délicate figurine taillée dans l'ivoire il y a près de 25 000 ans. Pendant les vacances : ateliers de sculpture de la Dame, parure, art pariétal...
www.prehistoire-brassempouy.fr

Au Pays Basque : les grottes d'Isturitz et d'Oxocelhaya

- Située dans le piémont des Pyrénées Occidentales, la grotte d'Isturitz est connue comme référence quant à l'art mobilier des Paléolithiques moyen et supérieur.
- La grotte d'Oxocelhaya, que l'on trouve 15 m plus bas, est une grotte sanctuaire aux salles riches en concrétions et peintures rupestres.

www.grottes-isturitz.com
Sites culturels et scientifiques remarquables à Saint-Martin-d'Arberoue au cœur du Pays basque, les deux grottes sont classées monument historique depuis 1953.

Ajoutons deux sites remarquables aux Eyzies, dans la vallée de la Vézère

Le musée national de la Préhistoire
Situé dans l'ancien château de Tayac, le musée abrite des collections exceptionnelles qui permettent de retracer plus de 400 millénaires de présence humaine. À la clé, le témoignage d'outils de pierre, objets d'art, et reconstitutions grandeur nature d'hommes préhistoriques et d'animaux disparus. Plus de 18 000 pièces sont présentées dans une muséographie moderne.
www.musee-prehistoire-eyzies.fr

Le village de Saint-Emilion.

- **Le pôle international de la Préhistoire** Ce centre d'interprétation et d'expositions temporaires vous aide à mieux comprendre les richesses préhistoriques de la Vallée de la Vézère. Entrée libre et gratuite.
www.pole-prehistoire.com
www.lascaux-dordogne.com

DES JOYAUX MÉDIÉVAUX

L'abondance de forteresses, châteaux, abbayes, églises, commanderie, maison-fortes, cités, villages et quartiers médiévaux, villes fortifiées encore visibles aujourd'hui sont l'expression de la riche histoire, parfois mouvementée, de la région. Le territoire de la Nouvelle-Aquitaine tenait une place importante dans le pays au Moyen Âge, actif dans les domaines du commerce, de la religion, de la seigneurie et de la défense.
En témoignent de nombreux monuments qui ont traversé les siècles et nous arrivent plus ou moins bien conservés. Leurs vestiges sont autant de lieux touristiques à découvrir, certains majeurs, et de témoins de l'histoire de France. En Nouvelle-Aquitaine, le Moyen Âge a été l'une des périodes les plus productives sur le plan de l'architecture religieuse et des ouvrages d'art. Parmi les lieux emblématiques de la Nouvelle-Aquitaine médiévale, on peut citer :

- **Turenne**, en Corrèze.
- Les **Tours de Merle**, en Haute-Vienne.
- **Rochechouart**, **Crozant** et **Villemonteix** en Creuse.
- Le **Castrum de Pommiers à Saint-Félix-de-Foncaude** et son ensemble de bâtiments.
- La **forteresse du Prince Noir à Blanquefort** en Gironde fut l'une des places de guerre les plus importantes à l'époque médiévale.
- L'imposant **château de Villandraut** en Gironde, édifié à partir de 1305 par Bertrand de Got, devenu le pape Clément V.
- Le **château de Rauzan** en Gironde, au sein des paysages verdoyants de l'Entre-deux-Mers.
- Le **château de Budos** en Gironde, au milieu des vignes, construit par Raymond Guilhem de Budos, neveu du pape Clément V.
- Le **village de Saint-Émilion** et son donjon en Gironde, inscrits au Patrimoine Mondial de l'Humanité de l'UNESCO.
- Le **château de Barbezieux** en Charente.
- Le **château de Bonaguil** à Saint-Front-sur-Lémance dans le Lot-et-Garonne
- Le **château fort de Mauléon-Licharre** dans les Pyrénées-Atlantiques construit au XIIe siècle.
- La **forteresse médiévale de Bourdeilles** en Dordogne.
- Le **château de Biron** en Dordogne.
- Le **château de Mareuil** en Dordogne.
- Le **château de Commarque** sur la commune des Eyzies-de-Tayac-Sireuil en Dordogne.
- Le **château de Castelnaud** en Dordogne, construit au XIIIe siècle.
- Le **château de Beynac** en Dordogne, construit à partir du XIIe siècle, l'un des mieux conservés.

31 PLUS BEAUX VILLAGES

Ils sont 31 en Nouvelle-Aquitaine, classés « plus beaux villages de France » ©, label qui récompense des villages de grande qualité architecturale, au patrimoine préservé et valorisé. Ces sites partagent avec leurs visiteurs leur art de vivre, leur charme et leur authenticité. Autant de portes d'entrée, belles portes remarquables de cette grande région. Voici quelques clés privilégiées.

- Dans le **Périgord**, dont on peut enchaîner la visite en un week-end tant ils sont proches le long de la Dordogne, en consacrant une demi-journée à chacun d'entre eux : **Beynac-et-Cazenac et Castelnaud-la-Chapelle** édifiés autour de deux châteaux ennemis, **La Roque-Gageac**, au pied de la falaise, et **Domme**, construite sur le rocher et dominant la vallée.

- **Au Pays Basque** pour leurs couleurs – blanc, vert et rouge – et les maisons à colombages, leurs paysages vallonnés au pied des premières montagnes des Pyrénées à la frontière de l'Espagne : **Sare et Aïnhoa**, où il fait bon aussi se promener avec le Train de la Rhune ou en randonnées.

- Dans le **Lot-et-Garonne**, trois sont aussi très proches (moins de 40 km entre eux) et dévoilent l'histoire des bastides, ces villes nouvelles des XIIe et XIIIe siècles au temps de l'Aquitaine anglaise. Rendez-vous à **Pujols, Monflanquin et Villeréal**, voire **Monpazier** (en Dordogne) pour aborder pleinement ce sujet d'Histoire.

- Fan des fortifications, vous apprécierez **Brouage en Charente-Maritime** dans les marais entre Rochefort et l'île d'Oléron avec un chemin de ronde ponctué de 19 échauguettes qui permet, de bastions en courtines, de faire le tour de cette cité où intervint notamment Vauban.

- Ajoutons **Navarrenx dans les Pyrénées-Atlantiques**, première cité bastionnée de France, bien préservée, avec ses 1 657 m de remparts, sa poudrière et son arsenal. Mais aussi **Angles-sur-l'Anglin** (Vienne), **Ségur-le-Château** et **Collonges-la-Rouge** (Corrèze) et **Aubeterre-sur-Dronne** (Charente).

www.les-plus-beaux-villages-de-france.org/fr

QUELQUES MUSÉES EMBLÉMATIQUES

Où que l'on soit en Nouvelle-Aquitaine, on n'est jamais loin d'un lieu dédié aux arts et à la culture... Des sculptures de Claudel à Poitiers, des Renoir à Limoges, sa ville natale, Goya, Le Tintoret, Corot, Boudin et Sisley à Agen, Rubens et Delacroix à Bordeaux, Degas et Vasarely à Pau sans oublier le musée Despiau-Wlérick à Mont-de-Marsan pour sa magistrale collection de sculptures figuratives du XIXe siècle. Voici une petite sélection pour vous mettre en appétit.

- **La Cité du vin, « le Guggenheim » bordelais**

Architecture audacieuse pour un paquebot entre le fleuve et la ville, dédié aux vins du monde, leur histoire, leurs saveurs, au fil d'un parcours sensoriel, ludique, instructif et poétique. Au dernier étage de ce bâtiment emblématique

© CDT87

Musée National Adrien Dubouché.

du nouveau visage des bassins à flot, on déguste un verre en savourant aussi la vue panoramique sur le port de la lune.
www.laciteduvin.com

La MECA

Tout nouveau à Bordeaux : la MECA, Maison de l'économie créative et de la culture en Nouvelle-Aquitaine. Dès votre entrée en train sur Bordeaux depuis Paris, vous ne pouvez pas manquer ce monument colossal avec une arche en son centre, qui arbore la couleur chaude de la pierre bordelaise. Une réalisation signée de l'architecte danois Bjarke Ingels. Un écrin pour le Fonds régional d'art contemporain et les grands noms de l'art contemporain autour d'expositions thématiques.
www.la-meca.com

Le musée basque et de l'histoire de Bayonne

Dans le quartier du Petit Bayonne, point névralgique des Fêtes de Bayonne, avec ses ruelles étroites et ses maisons colorées, se niche le plus grand musée ethnographique consacré au Pays basque en France où 2 000 objets et œuvres d'art témoignent de l'identité basque et de ses traditions.
www.musee-basque.com

Limoges, 3 musées incontournables

Limoges, abrite de grands porcelainiers et la collection de porcelaine de Limoges la plus riche au monde visible au **musée national Adrien Dubouché**. Le **musée du four des Casseaux** présente pour sa part l'histoire ouvrière de la porcelaine. Quant au **musée des Beaux-Arts**, il rassemble la seconde collection d'émaux du monde après celle de Saint-Pétersbourg.
www.limoges-tourisme.com

La Cité Internationale de la tapisserie à Aubusson

Depuis 2016, cette Cité présente un savoir-faire local inscrit au Patrimoine culturel immatériel de l'humanité par l'UNESCO. Les œuvres *made in* Aubusson se retrouvent aux quatre coins du monde.
www.cite-tapisserie.fr

Le musée d'Aquitaine à Bordeaux
Riche de collections prestigieuses, qui vont de l'archéologie aux civilisations extra-européennes, le musée d'Aquitaine constitue une référence patrimoniale en France. Il est l'un des plus grands musées d'histoire de province, à la fois musée encyclopédique et « musée de civilisation », qui interroge le passé pour répondre aux questions contemporaines. On y découvre au fil des collections, la Préhistoire, l'Antiquité, le Moyen Âge, le XVIIIe siècle, âge d'or de la ville, et toutes les périodes qui ont fait le riche passé de la région. Un lieu d'ouverture au monde fort de nombreuses animations.
www.musee-aquitaine-bordeaux.fr

TERRE DE CULTURES

Marqués par les cultures basques, occitanes, entre autre, par les cultures poitevines et saintongeaises, les territoires de la Nouvelle-Aquitaine ont bénéficié à travers les âges d'influences diverses qui font aujourd'hui sa richesse. Les patrimoines paysager, architectural ou immatériel s'ajoutent à ce creuset culturel majeur qui a inspiré certains des nombreux artistes qu'elle a vu naître. La Nouvelle-Aquitaine est une terre de culture où puisent les peintres, les poètes, les écrivains et les cinéastes, de longue date.

L'écrivain Emile Zola.

Des peintures préhistoriques à Picasso

Les arts rupestres, encore visibles de nos jours témoignent d'une culture préhistorique. En Gironde, on trouve la grotte de Pair-Non-Pair à Prignac-et-Marcamps, l'une des plus anciennes grottes ornées au monde. Un peu plus au sud, du côté du Pays Basque, la grotte d'Isturitz recèle un trésor de peinture rupestre : un troupeau de rennes gravé sur un pilier stalagmitique. Des millénaires plus tard... Les paysages de la Saintonge et des bords de la Charente ont inspiré Courbet et Corot. Quant à Picasso, c'est à Royan qu'il vint se réfugier durant la guerre, avec femme et maîtresse. Le 15 août 1940, il peint son plus célèbre tableau de Royan : Le Café des Bains.

Une terre d'écriture

La Charente-Maritime inspira de nombreux écrivains, dont Zola qui passa trois étés à Royan. Né à Rochefort,

Pierre Loti était aussi sous le charme de sa région. Sa maison est en cours de restauration pour devenir un musée, où il décida d'installer son univers dans un grand hôtel particulier, aujourd'hui en cours de restauration.

La littérature corrézienne doit principalement sa renommée à l'École de Brive, courant littéraire contemporain du roman de terroir populaire rendu célèbre notamment grâce à la foire du livre de Brive. Ce courant compte des romanciers proches de la vie rurale qui racontent des histoires d'un passé toujours vivant. Parmi eux Christian Signol, Pierre Bergougnoux ou Claude Duneton. Quelques-unes des œuvres de la grande écrivaine Colette furent rédigées en Corrèze, à Varetz, dans le château de Castel-Novel, alors propriété de la famille de son époux.

Le Périgord a vu d'autres grands écrivains : La Boétie, Fénelon, Eugène Le Roy. Plus contemporains, André Gide, Henry Miller, Paul Eluard ou Robert Merle séjournèrent et écrivirent sur cette terre.

La Nouvelle-Aquitaine est également associée à de grands noms de la littérature, dont Montesquieu, Montaigne, Marguerite de Navarre, Théophraste Renaudot, François Mauriac, Jean Anouilh, Philippe Solers...

De nombreux tournages

Les cinéastes sont légion à venir filmer en Nouvelle-Aquitaine. Plusieurs longs métrages et séries télévisées sont tournés chaque année dans la région. Celle-ci a servi de décor à d'importantes productions dont *Les Demoiselles de Rochefort*, *La Guerre des Boutons* (Rochechouart), *le Pacte des Loups* (Dordogne et Gironde), *Le Petit Nicolas* (Saint-Palais-sur-Mer), la série *L'Hôtel de la Plage* (Ronce-les-Bains), *Un Village français* (Limousin) et bien d'autres...

PATRIMOINE IMMATÉRIEL

Une tradition et un savoir-faire de Nouvelle-Aquitaine sont inscrits au Patrimoine culturel immatériel de l'humanité : les Ostentions Limousines et la Tapisserie d'Aubusson. Les Ostentions se déroulent tous les 7 ans. Il s'agit de grandioses cérémonies et processions organisées en vue de l'exposition et de la vénération de reliques de saints catholiques conservées dans les églises du Limousin

Les processions et festivités ont lieu dans divers villes et villages. Un grand nombre de pèlerins et curieux se rassemblent pour voir les reliquaires défiler dans les villes avec leurs drapeaux, bannières, décorations et personnages historiques costumés. Prochain rendez-vous en 2023, puis 2030...

Quant aux savoir-faire de la tapisserie d'Aubusson, ils reposent sur deux axes essentiels ? Il s'agit d'une part de l'existence d'une communauté professionnelle qui maintient complète, depuis plus de cinq siècles, la filière de production avec des filatures, des teinturiers, des manufactures, des ateliers, des cartonniers, des restaurateurs. D'autre part, le travail d'interprétation des lissiers pour réaliser une tapisserie à partir d'une maquette de créateur.

BON APPÉTIT EN NOUVELLE-AQUITAINE

DES VINS ET SPIRITUEUX DE RENOMMÉE MONDIALE

À scooter ou à vélo, par les Routes des Vins ou en coupant à travers les vignes, partez de vignobles en châteaux. Après la visite de la Cité du Vin à Bordeaux, vous saurez tout du vin et des vignobles, il ne vous restera plus qu'à faire la tournée des domaines et des caves. Vous apprendrez à distinguer un médoc d'un buzet, un sauternes d'un jurançon, au nez et à la robe. Le soir, à Cognac, vous mangerez des cagouilles sur le port en fête avant de déguster un verre. Au choix : pineau des Charentes ou du floc de Gascogne, cognac ou armagnac. Et pour vous accueillir au mieux dans la découverte de tous ses trésors, la Nouvelle-Aquitaine comptabilise 1 150 établissements labellisés Vignobles & découverte.

Découvrir les vignobles les plus célèbres au monde

En Gironde, autour de Bordeaux, vous pouvez emprunter six « routes du vin de Bordeaux ». Les appellations les plus connues sont Bordeaux, le Médoc, Saint-Émilion – Pomerol – Fronsac, l'Entre-deux-Mers, Graves et Sauternes, Blaye et Bourg. Autour de ces appellations, l'œnotourisme se développe toujours plus dans la région bordelaise. Bordeaux Wine Trip propose des excursions dans les vignobles et des visites de vignobles personnalisées. Situé au centre de prestigieux vignobles de renommée mondiale (Pomerol, Saint-Émilion ou Lalande de Pomerol), le pays du Libournais jouit d'une réputation sans égale (www.bordeauxwinetrip.fr).

Et puis il y a les vins de Bergerac et Duras : 17 appellations à découvrir à la Maison des Vins de Bergerac, une demeure du XVIIe siècle construite autour d'un cloître en bois et briques (www.vins-bergeracduras.fr). Partez en excursion dans les vignobles de Jurançon (région de Pau-Pyrénées) et à la découverte des vins d'Irouleguy au Pays Basque (vigneronsdujurancon.fr www.saintjeanpieddeport-paysbasque-tourisme.com). Aux crus exceptionnels répondent bien entendu des plats gastronomiques. Et aux meilleurs viticulteurs, les meilleurs chefs.

Un vin, un village, un classement

Saint-Émilion n'est pas seulement le nom d'un vin prestigieux, mais aussi un village médiéval érigé sur une colline rocheuse. Les deux sont classés au patrimoine mondial de l'UNESCO.

Châteaux et chais autour de Bergerac

À deux heures à l'est de Bordeaux, d'autres vignobles moins connus méritent une visite et une découverte.

Le château et les vignes de Monbazillac.

Un sentier de découverte au Domaine de Perreau : Gaëlle Reynou-Gravier est la 5e génération de la famille à travailler sur la propriété et cultive 21,4 ha répartis sur Saint-Michel-de-Montaigne, Lamothe-Montravel et Montcaret. Certifié Terra Vitis, le domaine s'est engagé dans le maintien et le développement de la biodiversité, à travers un sentier de découverte à parcourir en famille, de début-juin à mi-août, mercredi matin et vendredi après-midi (www.domainedeperreau.com).

Démarche éco-responsable au château Puy Servain : le domaine s'insère dans une démarche de développement durable et de respect de l'environnement. Sur un sommet balayé par les vents de l'Atlantique, d'où son nom, car Puy signifie sommet et Servain, venteux ou servi par le vent. La propriété peut être le point de départ d'une belle randonnée qui rejoint la boucle du Moulin de Ponchapt (www.puyservain.com).

Un peu d'histoire au château de Montaigne : à Saint-Michel-de-Montaigne, la propriété allie œnologie, histoire et littérature et préserve l'esprit de l'écrivain et humaniste Michel Eyquem de Montaigne (1533-1592) né et mort sur ces terres. La Tour de Montaigne est ouverte à la visite. On y découvre, les fameuses sentences et maximes grecques gravées sur les poutres de la bibliothèque où furent écrits « Les Essais » (www.chateau-montaigne.com).

Des vignes séculaires au château Moulin-Caresse : On cultive la vigne ici depuis 1749. De génération en génération, le vignoble en terroirs Montravel et Bergerac a prospéré. Il s'étend sur 52 ha en surplomb de la vallée de la Dordogne. Le vin y est fabriqué et vieilli avec « amour, audace et complicité », en s'appuyant sur un solide savoir-faire familial (www.moulincaresse.com).

Quelques visites autour du Cognac

Cognac, à 44 km d'Angoulême, cultive depuis des siècles l'art de distiller le vin et sa lie en double-chauffe. Les maisons de Cognac vous dévoilent toute l'alchimie de la fabrication de cette eau-de-vie unique au monde.

La maison Boinaud vous ouvre ses vignes et à sa distillerie, réunies sur un même site. En septembre, au temps des vendanges, le raisin amorce sa transformation. Si vous venez d'octobre à fin mars, c'est la période de la distillation qui vous livre d'autres secrets.
www.boinaud.com

La maison XO Madame programme différents circuits et séjours originaux, comme pratiquer le chi-qong au milieu des vignes ou découvrir le vignoble en 2 CV, voire survoler le domaine en montgolfière.
www.xomadame.fr

La maison Martell vous donne le choix entre deux expériences insolites. Avec le parcours Martell Craftsmanship vous mettez en bouteille l'un des cognacs de la maison. Avec le parcours Martell Borderies, vous découvrez les Borderies, une zone de vignes confidentielle et spécifique située au nord-ouest de Cognac.
www.martell.com

La maison Cognac Hennessy pour sa part propose un tour à 360°, en immersion entre histoire et modernité au sein de trois pavillons d'avant-garde qui présentent pour l'un l'histoire de la maison, pour l'autre le cycle du vignoble et pour le troisième la création du cognac. La visite comprend la découverte des chais de vieillissement et une dégustation.
lesvisites.hennessy.com/fr-fr

MATHIEU DURAND, L'ESPRIT DU COGNAC

Il représente la quatrième génération Durand dans le cognac. Son arrière-grand-père, Maurice Durand, acheta le domaine, son grand-père, Jacques Durand, replanta le vignoble et installa un alambic pour la distillation du cognac et du pineau. Dans les années 1970, son père, Jacques Durand, agrandit le vignoble et ouvrit le domaine à l'œnotourisme, apportant sa pierre à ce domaine du Maine Giraud dont les premières vignes furent plantées par Alfred de Vigny en son temps. Voici 15 ans, Mathieu Durand, son BTS de technico-commercial boissons, vins et spiritueux en poche, a rejoint le domaine où il poursuit l'œuvre des générations précédentes.

« Savez-vous qu'**Alfred de Vigny** (1797-1863), comte de Vigny, fut aussi viticulteur ? Lorsqu'en 1838, à la mort de sa mère, il décide de séjourner sur les terres familiales du Maine Giraud, il est séduit par les paysages romantiques et la vie paisible en ces lieux. Il entreprend la réhabilitation du manoir et la plantation des premières vignes du domaine.

Lorsque ma famille a racheté le domaine, le vignoble n'était plus qu'un souvenir. La maison avait perdu son mobilier et sa superbe. Mais nous avons gardé la mémoire de Vigny et rendons hommage à ce chantre du romantisme, à travers le seul musée qui lui soit dédié, en France et dans le monde

Le domaine MG, pour Maine Giraud, du lieu-dit où il est implanté, abrite 35 ha pour le cognac, 3 ha pour les pineaux et 7 ha pour nos vins de pays, déclinés dans les trois couleurs, le tout en agriculture raisonnée. Nous sommes par ailleurs engagés dans une démarche HVE (Haute Valeur Environnementale).

Au domaine, nous travaillons toute l'année. Il y a le travail des vignes, les vendanges, la vinification, la distillation, la vente, les visites, les animations. C'est un métier varié et passionnant qui demande un engagement total.

Nous accueillons les visiteurs sur les pas d'Alfred de Vigny et à la découverte du domaine, de l'Alambic, du Chai et des étapes d'élaboration du cognac et du pineau. De septembre à novembre, l'Alambic se dévoile en chauffe et l'on profite des effluves boisés et fruités de la distillation.

Un bon cognac se déguste dans un beau verre à cognac qui tiédit doucement au creux de la main, que l'on prend le temps de humer et de déguster, pourquoi pas avec un cigare ou encore un carré de chocolat noir grand cru à 70 % de cacao. »

www.mainegiraud.com

Dégustation de cognac.

- L'expérience Louis XIII proposée par la maison Rémy Martin offre un moment d'exception pour une durée de 6 heures. Tous les secrets les plus intimes, les goûts les plus élaborés de cette eau-de-vie et les lieux interdits vous seront dévoilés. Un circuit d'exception où raffinement et bouteille de cristal sont au rendez-vous.
www.visitesremymartin.com

- **La plus moderne :** la maison Cognac Hennessy propose son tour à 360°, une visite immersive liant histoire et modernité. Trois pavillons d'avant-garde présentent l'histoire de la maison, le cycle du vignoble et la création du cognac. Après avoir visité les chais de vieillissement, l'expérience se poursuit avec une dégustation.
lesvisites.hennessy.com

A la découverte de l'Armagnac

A l'Est des Landes, entre Bordeaux et Pau, le vignoble du Bas-Armagnac conjugue prestige et convivialité. On y découvre la plus ancienne eau-de-vie de France dont l'existence écrite remonte à 1310 dans l'ouvrage « Pour garder la santé et rester en bonne forme ». Toute l'année plus de 25 producteurs vous ouvrent leurs portes et rivalisent d'inventivité et de dynamisme, pour proposer à leurs visiteurs toujours plus d'activités et d'animations. Il existe également des espaces muséographiques que l'on peut visiter pour découvrir en profondeur, et de manière interactive, tous les secrets de l'eau-de-vie septuple centenaire (Arthez d'Armagnac, Labastide d'Armagnac). Un mention spéciale au mois d'octobre où, après les vendanges, c'est le temps de la distillation et des festivités qui l'accompagnent : marchés, concerts, repas, et une foule d'animations au programme!

En quelques sites

www.laciteduvin.com
www.atout-france.fr/content/decouvrez-les-destinations-labellisees-vignobles-decouvertes
www.cognac.fr
www.bestofwinetourism.fr
www.armagnac.fr

PREMIÈRE RÉGION AGRICOLE FRANÇAISE

La Nouvelle-Aquitaine est la première région agricole française et dispose de tous les atouts nécessaires pour proposer une alimentation d'excellence. Les grands chefs de la région, mais aussi au-delà travaillent les meilleurs produits. D'ailleurs, la région compte plus de 50 restaurants étoilés au guide Michelin. De vastes étendues de verdure offrent des conditions idéales pour l'élevage de bœufs de race – Limousine, Parthenaise, Chalosse ou blonde d'Aquitaine – mais aussi de brebis – agneau Baronnet, le Diamandin, agneau de Pauillac – sans oublier les cochons, dont le porc Kintoa (Pays basque) ou le porc cul noir limousin.
Parmi les autres produits gourmands emblématiques de la région, on peut encore citer le foie gras, les magrets de canard et le jambon de Bayonne, le piment d'Espelette, le beurre de Charentes-Poitou et le sel de Salies-de-Béarn ou de l'île de Ré... Avec plus de 20 000 tonnes d'huîtres produites chaque année, Marennes Oléron est l'une des plus grandes fermes d'huîtres d'Europe.

Parcs à Huîtres sur le bassin d'Arcachon.

Ajoutons le bassin d'Arcachon, l'un des principaux sites d'élevage d'huîtres en France où déguster également d'excellents produits et l'île de Ré. La Nouvelle-Aquitaine est aussi le premier producteur français de fromage de chèvre, le plus connu étant le Chabichou du Poitou (AOC). Les pruneaux d'Agen, les « pépites noires » constituent un élément essentiel du patrimoine du Lot-et-Garonne. Quant aux pommes AOP du Limousin, ce sont les seules pommes en France à avoir leur propre label d'excellence.
Les produits typiques de Nouvelle-Aquitaine ont leurs recettes de cuisine, bien souvent leur route de découverte-dégustation, sans oublier une confrérie et un – ou plusieurs ! – jour(s) de fête. De janvier à décembre, les fêtes gourmandes se succèdent, hautes en couleur, en sons, en convivialité, traditionnelles, quelle que soit leur ancienneté.

Produits de la mer en entrée

Huîtres Arcachon Cap Ferret ou Marennes Oléron
Moule de Bouchot

Viandes d'excellence

Le bœuf et veau du Limousin
La Parthenaise
Le bœuf de Chalosse
Le bœuf blonde d'Aquitaine
L'agneau Baronet « le Diamandin »
L'agneau du Poitou-Charentes
L'agneau de Pauillac,
Les porcs « culs noirs » du Limousin
Le porc fermier du Sud-Ouest
Les volailles fermières de Gascogne
Les volailles des Landes
L'oie du Périgord
Le canard à foie gras du Sud-Ouest
Produits labellisés ou certifiés : Label Rouge, Blason Prestige, Indication Géographique Protégée.

Un piment de pays qui sied au sud-ouest

Aux côtés du fromage Ossau-Iraty et du jambon de Bayonne, le piment d'Espelette fait rayonner les saveurs de la Nouvelle-Aquitaine dans la catégorie AOP. C'est l'emblème épicé et coloré du Pays Basque qui donne sa chaleureuse saveur aux plats locaux et inspire des recettes originales. Cet or rouge en poudre est apprécié dans les familles comme par les chefs du Sud-Ouest et au-delà. On dit que c'est le marin-explorateur basque espagnol Juan Sebastian Elcano qui introduisit le piment, au XVIe siècle. Le climat humide et ensoleillé du Pays Basque convient parfaitement à la culture de ce piment exotique. A l'origine, il était utilisé pour relever les chocolats confectionnés à Bayonne. On l'utilisait aussi en médecine, puis il fut largement employé à la place du poivre pour la conservation des viandes. Les femmes en sélectionnant les graines d'une année sur l'autre créèrent la variété Gorria qui donnera le Piment d'Espelette. Ils sont aujourd'hui 200 producteurs dans la zone d'appellation étendue sur 10 communes dans la partie occidentale du Pays Basque (Pyrénées-Atlantiques). C'est un piment relativement doux – 4/10 sur l'échelle simplifiée de Socville, soit environ 10 fois moins que le piment de Cayenne. Mis à sécher sur des cordes, les piments composent de belles guirlandes.
Hélène Darroze la chef étoilée qui défend, de Paris à Londres, son Sud-Ouest natal l'avoue : « *Chez moi, tout est assaisonné au Piment d'Espelette. C'est culturel. Il est délicieux mélangé à du beurre sur une tartine de pain grillé, dans une crème glacée ou dans une pâte sablée pour une tarte aux cèpes.* » De quoi nous mettre l'eau à la bouche. A la ferme ou sur les marchés, vous trouvez des cordes de 20 à 100 piments rouges séchés. Mais c'est en poudre, conditionné en petit pot de verre qu'il est le plus commercialisé en dehors de sa zone de production. Cette poudre un brin magique provient de piments produits sur la même exploitation, sans colorant ni conservateur.

La corbeille de fruits

Pruneau d'Agen
Pomme du Limousin (AOP)
Melon du Haut Poitou
Fraises du Lot-et-Garonne
Tomate de Marmande
Noix du Périgord
Kiwi de l'Adour...

En accompagnement

Beurre Charentes-Poitou (AOC)
Beurre d'Échiré
Piment d'Espelette
Sel de Salies-de-Béarn ou de l'île de Ré
Foie gras du Sud-Ouest
Jambon de Bayonne

La Nouvelle Aquitaine gourmande sur un site

Sur le site Internet de l'agence régionale de l'alimentation de Nouvelle-Aquitaine, vous trouvez l'inventaire du patrimoine gastronomique de la région, le détail des savoir-faire des producteurs, des recettes de chefs...
www.produits-de-nouvelle-aquitaine.fr

Des Ambassadeurs du goût

Implanté à Bordeaux, l'Institut Régional du Goût Nouvelle-Aquitaine (IGNA) est une association de passionnés du terroir régional, de ses traditions et savoir-faire. Elle met en place des ateliers de découverte mais aussi d'éveil sensoriel dans le but de former des ambassadeurs du goût. *institutdugoutnouvelleaquitaine.fr*

Bienvenue à la ferme

C'est bien entendu, en vous rendant directement dans les fermes que vous serez au plus près des productions et des spécialités gourmandes de la région. Un réseau qui permet de faire du tourisme au plus près des producteurs/éleveurs, se restaurer, dormir, se documenter, s'amuser. *www.bienvenue-a-la-ferme.com*

CHEFS ÉTOILÉS, RESTAURANTS GOURMANDS, PRODUCTEURS PASSIONNÉS

La Nouvelle-Aquitaine, terroir généreux, de terre et de mer, travaillé par des agriculteurs, des éleveurs et des pêcheurs passionnés, offre une multitude de produits qui inspirent et alimentent les chefs, toutes catégories confondues. Aux 50 chefs étoilés s'ajoutent des centaines de restaurateurs dont les tables vous régalent d'un bout à l'autre du territoire. Ces professionnels mettent en valeur fromages du Poitou, jambon Kintoa, huîtres Arcachon Cap Ferret ou Marennes Oléron, pruneaux d'Agen. Moyennant quoi, les papilles sont à la fête en Nouvelle-Aquitaine. Derrière chacun de ces produits, il y a des artisans du goût.

Pierre Oteiza, éleveur de kintoa aux Aldudes

Menacé d'extinction au début des années 80, le Kintoa, le porc Pie Noir du Pays basque, doit pour beaucoup sa survie à cet homme, Pierre Oteiza. À l'orée des années 90, ce fils d'agriculteur installé dans la vallée des Aldudes, au cœur des montagnes basques, qui a repris la ferme familiale et élève des porcs blancs, redécouvre cette race rustique dont il ne reste alors en France qu'un seul cheptel d'une vingtaine de têtes. Avec quelques autres éleveurs, il décide de relancer la race. Nourri d'herbe, de fruits de saison comme les châtaignes, les glands ou les faînes, mais aussi de céréales, le porc basque est élevé en plein air et sa chair est exceptionnelle, aux arômes de noix et d'épices grillées. Un bon produit du terroir qui mérite d'être reconnu. Son IGP a été obtenue pour la viande de porc et le jambon sec en 2016. Ils sont aujourd'hui 80 adhérents au sein de la filière Porc basque kintoa.

Paul Georgelet, maître fromager à Villemain

À Villemain, au cœur des Deux-Sèvres, Paul Georgelet élève un cheptel de 500 chèvres nourries à l'herbe, à l'orge et à l'avoine issus de ses 80 ha de terres pour produire le mothais sur feuille, le chabichou, le frais, la tome, le tricorne de Marans ou le carré. On apprécie leur grain, fin comme du beurre, et leur exceptionnelle longueur en bouche. Paul Georgelet est ainsi l'un des producteurs de fromages du Poitou les plus médaillés de France. On trouve sa production sur les marchés de l'île de Ré, aux halles de Niort ou de Poitiers, et sur les étals de nombreux maîtres fromagers partout en France –, mais « surtout pas en grande distribution ! ».

Frank Hayer, producteur de pruneaux d'Agen

Enseignants chercheurs en écotoxicologie à l'université de Metz, Frank Hayer et son épouse Corinne se sont installés à Saint-Colomb-de-Lauzun en 1999. En 2000, Frank achète une exploitation de 8 ha de pruniers à pruneau d'Agen. Aujourd'hui, il est à la tête de 16,5 ha, dont une dizaine en production. C'est dans ses propres fours qu'il sèche les 150 tonnes de prunes qu'il récolte annuellement pour les transformer en pruneaux sous la marque Les Vergers de Bertounèche.

Olivier Lasternas, éleveur de vaches limousines

À Saint-Cyr-les-Champagnes, c'est par tradition familiale et passion du métier qu'Olivier Lasternas a repris l'exploitation de ses grands-parents. Avec sa femme, Isabelle, et leurs deux filles, il élève 350 vaches limousines. Sa viande labellisée Qualité limousine et Blason Prestige, est appréciée pour son onctuosité, sa jutosité, son persillé et sa tendreté. Le cheptel est nourri de fourrage produit sur place, et au pâturage au moins la moitié de l'année. Chez les Lasternas la priorité c'est le respect des animaux et de l'environnement et le travail bien fait. Moyennant quoi l'exploitation a été plusieurs fois primée au Concours général agricole de Paris.

Sarah et Mathieu Bon, ostréiculteurs à Marennes-Oléron

Chez les Bon à Bourcefranc-le-Chapus, face à l'île d'Oléron, on est ostréiculteur depuis trois générations. Le grand-père, Roland Lambert, a fondé les établissements Lambert en 1974, sur le bassin de Marennes-Oléron, situé entre les estuaires de la Charente et de la Gironde. Ici, on élève des huîtres depuis l'époque romaine, et celles-ci représentent actuellement 50 % de la production française actuelle. Après la disparition en 1971, suite à une épizootie, de l'huître portugaise, Crassostrea angulata, produite alors dans le bassin de Marennes, Roland Lambert fut parmi les pionniers qui décidèrent d'introduire l'huître japonaise pour pallier cette carence. Aujourd'hui, les ostréiculteurs français élèvent presque uniquement des Crassostrea gigas. C'est l'élevage en claires – d'anciens marais salants reconvertis – et la présence d'une algue, la navicule bleue, qui confèrent sa couleur verte caractéristique et ce goût de terroir unique aux huîtres de Marennes, qui furent parmi les premières à décrocher un Label rouge.

Cours de cuisine

Les chefs de nombreux établissements, des auberges de village aux restaurants étoilés, proposent de partager leur expérience et leur amour de la cuisine. Par exemple, vous pouvez cuisiner avec la chef Diane Anthonissen dans le cadre idyllique du Château Ladausse à Monflanquin ou profitez des conseils et du savoir-faire du chef étoilé Ludovic Merle au restaurant du Château à Jarnac.

Une journée avec un producteur

En Nouvelle-Aquitaine, il est également possible de partager l'expérience d'un producteur, passer par exemple une journée dans la peau d'un ostréiculteur sur le bassin d'Arcachon, apprendre à faire son vin, son foie gras... Bien plus qu'une balade, ces séjours permettent aussi un véritable apprentissage et la découverte conviviale de savoir-faire uniques.

La Vallée des singes.

Au royaume des singes

La **Vallée des singes**, implanté dans la Vienne, existe depuis 1998. Longtemps réservée à une population exclusivement mâle de chimpanzés, elle a vu récemment l'arrivée de chimpanzés femelles. Ainsi le domaine peut-il poursuivre son œuvre de conservation et de protection des primates en favorisant la reproduction de l'espèce. Outre les chimpanzés, vedettes de la vallée, le site accueille 33 autres espèces de primates sans cage ni barrières au sein d'un espace de 16 ha.
www.la-vallee-des-singes.fr

Dans la peau de Cro-Magnon

Le **parc du Thot**, en Dordogne, vient en complément de Lascaux 4 pour dévoiler en direct le quotidien de Cro-Magnon. Le site propose des ateliers et film 3D pour remonter le temps et comprendre la climatologie. Les nouvelles technologies vous permettent d'approcher les animaux préhistoriques et les gravures de la nef de Lascaux.
www.parc-thot.fr

Walibi et Aqualand : le plein de sensations

Aventuriers et fans de nature peuvent s'éclater avec les 25 attractions que propose le parc Walibi Sud-Ouest, près d'Agen. Version aquatique, ils apprécieront l'univers d'Aqualand qui leur donne le choix d'une visite en mode « farniente » ou « adrénaline ». Et frissons garantis avec les nouveaux toboggans Tornado et Space Bowl.
www.parcagen.fr

Deux trains vers les sommets

Pour accéder au Parc national des Pyrénées, prenez le train. Celui **d'Artouste** sillonne le Parc jusqu'au lac de couleur bleu azur situé à 2 000 m d'altitude, c'est le plus haut train d'Europe. La formule Campeur permet de programmer une ou plusieurs nuitées en refuge ou sous la tente. Celui de **la Rhune** est un authentique train à crémaillère de collection datant de 1924 qui vous emmène en voyage vers l'un des sommets mythiques du Pays Basques, à 905 m d'altitude.
http://artouste.fr
www.rhune.com

Mémoire de pinède

L'**écomusée de Marquèze** est l'un des plus anciens écomusée de France, entièrement reconstitué à partir du transfert de bâtiments existants. Vous remontez le temps en trois étapes, jusqu'au XIXe siècle, à la rencontre du quotidien des bergers-agriculteurs des Landes de Gascogne. Il y a d'abord le trajet en train jusqu'au hameau, puis sa découverte avec des démonstrations de savoir-faire d'antan et, pour finir, la visite des expositions.
www.marqueze.fr

HÉBERGEMENTS | ACTIVITÉS | ÉVÉNEMENTS
VOS DESTINATIONS NATURE
POITIERS FUTUROSCOPE
La vallée des singes
Champniers (86)
DéfiPlanet'
Dienné (86)
LE PARC DE la Belle
Magné (86)
Le Cormenier
Champniers (86)

© M. MAYOUX - STOCK.ADOBE.COM

Aquarium de La Rochelle.

Angoulême, bulles et remparts
On profite d'Angoulême et de ses ruelles de charme en surplomb de la Charente avant d'effectuer la visite incontournable, ludique et instructive de la **Cité internationale de la bande dessinée**, dédiée au neuvième art. On peut aussi partir avec un guide conférencier qui vous dévoilera les héros de BD sur les murs peints de la ville.
www.angouleme-tourisme.com

Cap sur les sciences !
Depuis 1995, le **bateau amiral de Cap Sciences,** amarré sur les quais de Garonne, nous donne des clefs pour comprendre l'univers. Grands et petits, à partir de 3 ans, sont invités à visiter des expositions et suivre des animations, en mode ludique et participatif. Au programme : le numérique, les technologies, l'infox, le climat et l'environnement, la santé, les nouveaux métiers.
www.cap-sciences.net

L'aquarium de Nemo
Depuis trois générations la cité corsaire abrite le célèbre **Aquarium de La Rochelle**. Une valeur sûre pour découvrir plus de 600 espèces marines et sous-marines et comprendre les enjeux qui pèsent sur leur sauvegarde. Deux heures de visite minimum sont à prévoir. Il y a tant à découvrir !
www.aquarium-larochelle.com

À Rochefort les moussaillons !
La vie de matelot vous tente ? Le **parc d'aventure Accro-Mâts** de Rochefort propose aux aventuriers d'accéder au sommet des mâts, à 30 m de hauteur (à partir de 6 ans). Les moins téméraires se contenteront de se promener sur le pont de l'Hermione et d'écouter le récit d'un gabier à bord de la frégate de l'arsenal maritime.
www.rochefort-ocean.com

Testez vos sens
Unique et ludique, dans un environnement naturel. **Mysterra** joue avec

vos sens, vos capacités de réflexion et votre sens de l'orientation, avec la complicité bienveillante de la nature. Labellisé Stratégie nationale pour la biodiversité, le site déploie six labyrinthes, dont un dédié aux tout-petits, et trois espaces de découverte dessinés par et dans la forêt. Montendre (17), lieu dit la Taulette.
www.parc-mysterra.fr

TÈRRA AVENTURA

Tèrra Aventura, c'est le jeu de géocaching de Nouvelle-Aquitaine. Une occasion unique d'appréhender de façon ludique et insolite la super région. Cette chasse aux trésors 2.0 vous invite à découvrir les richesses du patrimoine local et ses anecdotes tout en vous amusant entre amis ou en famille. Il vous suffit de télécharger l'application gratuite Tèrra Aventura, puis de choisir votre parcours selon vos envies et en fonction de sa thématique (histoire et monuments, savoir-faire, points de vue et paysages, au bord de l'eau, contes et légendes, gallo-romain, sport, vins...), de sa difficulté ou de sa proximité.
Vous pouvez alors vous lancer dans l'aventure, partir à la recherche d'indices afin de résoudre des énigmes. Vous rencontrerez sur votre chemin des « Poi'z », petits personnages au caractère bien trempé, qui vous guideront tout au long du parcours. Ils sont 35 et signent leur nom à la pointe de leur pied (eh oui, ils n'en ont qu'un), d'un « Z » qui veut dire Zéroïk, Zétoulu, Zépapeur...
Tèrra Aventure est un immense terrain de jeu s'étendant sur ses 12 départements avec 400 parcours proposés. Il y en a même à faire à vélo ou en raquettes de neige ! Il vous faudra résoudre des énigmes avec les indices glanés sur le parcours jusqu'au point GPS final et retrouver le QR-code ou les badges cachés dans la nature. D'étape en étape, ces parcours vous permettent de découvrir les pépites de la région en vous amusant... Idéal pour occuper les enfants et les faire sortir de leur chambre. Idéal pour partager ensemble des moments de découverte.
De Sarlat à l'île d'Oléron, en passant par les lacs landais ou les sentiers du Pays basque, ce jeu développé par le Comité Régional du Tourisme Nouvelle-Aquitaine, invite les aventuriers, petits et grands, à explorer la région en quête des fameux Poï'z, gardiens des pépites du patrimoine.
www.terra-aventura.fr

© WJAREK - SHUTTERSTOCK.COM

Sarlat-la-Canéda est l'une des nombreuses villes où l'on peut jouer à Tèrra Aventura.

L'application Tèrra Aventura propose même des parcours à vélo.

Le défi : bouger en famille

Prêts pour une balade patrimoine avec vos ados ? Une sortie dans la nature en famille ? Pour jouer, rien de plus simple : il suffit de télécharger une appli. Et, pour ceux qui n'auraient pas d'ados à smartphones, une bonne feuille de route imprimée et un GPS font aussi l'affaire. Connectez-vous sur le site de Tèrra Aventura option balade dans le vignoble bordelais, par exemple. On y va ensemble ?

Baskets et bonne humeur

Terrain de jeu : le village de Bourg-sur-Gironde, posté le long de l'estuaire. Armée de bonnes chaussures, d'un téléphone chargé à 100 %, de sacs à dos et de barres énergétiques, partez ! Le road trip débute à la Maison des vins. Comptez les indices. La première énigme est résolue. À vous Bourg-sur-Gironde !

Mission : décrocher la lune

Arpentant la rue principale du centre-ville, suivez les consignes. L'appli vous entraîne dans un dédale de ruelles et vous demande de pousser une grille grise. Vous voici sur une terrasse de pierre face à un paysage inédit. En contrebas, les bateaux tanguent sur les flots. Mais, pas question de rêvasser sur la ligne d'horizon. Vous avez une mission et devez non seulement décrocher la lune et les étoiles, mais aussi repérer un animal facétieux.

Un cap à tenir

Prochaine étape : le chai. Mais, là, aucune indication. Il faut sillonner à nouveau le centre historique. De la maison de l'armateur aux oubliettes du château, en passant par les canons postés au bord de la rivière, le périple se poursuit.
Vous jouez avec l'écho, faites quelques calculs savants, grimpez et descendez des volées de marches, scrutez toutes les façades. Bientôt, la dernière ligne droite !

Bientôt la cache finale

Le parcours s'achève sur un ponton, au pied de la cité. Le moment de vérité approche. Validez la dernière réponse. Le verdict tombe : tout juste ! La cache est débloquée, il n'y a qu'à suivre les coordonnées GPS. « Elle est là ! » Vous exhibez votre trophée. Débriefing en famille dans le parc. Dans l'aventure, vous avez trouvé du pétrole, croisé Marie Brizard, Michel de Montaigne et Léo Lagrange. Vous reste en mémoire sa devise : « Aux jeunes, il ne faut pas tracer un chemin, mais ouvrir toutes les routes. »
www.terra-aventura.fr

Bourg-sur-Gironde, point de départ de notre chasse aux trésors.

AU CŒUR DE LA NATURE

PARCS NATURELS ET GRANDS SITES

Paysages et biodiversité préservés, patrimoine mis en valeur, la région recèle de nombreux espaces naturels protégés. Dans les Pyrénées, sur le littoral Atlantique, dans la campagne au nord du Périgord, en forêt des Landes et en montagne limousine, ceux-ci offrent de fantastiques terrains d'exploration et de détente.

Un Parc naturel national

Le **Parc naturel national des Pyrénées**, parc de montagne que la Nouvelle-Aquitaine partage avec l'Occitanie, a été créé en 1967. Dans les **Pyrénées-Atlantiques**, il concerne les **vallées d'Aspe et d'Ossau**. Rendez-vous dans les **maisons d'Etsaut et de Laruns** pour visiter au mieux ce monde protégé, royaume d'une faune sauvage et d'une flore remarquables. Expositions, conférences, films, sentier d'interprétation et balades avec les gardes du Parc accompagnent votre découverte de paysages spectaculaires, du **Pic de Burcq** au **Pic des Tourtettes** en passant par le **Pic du Midi d'Ossau**.

www.pyrenees-parcnational.fr

Plateau de Millevaches.

Cinq Parcs naturels régionaux

Les Parcs naturels régionaux sont des territoires ruraux au riche patrimoine naturel et culturel engagés dans une démarche de développement économique et social durable. Ils sont au nombre de cinq en Nouvelle-Aquitaine : le **Marais Poitevin**, le **Périgord-Limousin**, **Millevaches en Limousin** et les **Landes de Gascogne**, auxquels vient de s'ajouter, le **Médoc**. Chacun offre une riche biodiversité et une grande variété de milieux naturels : landes, tourbières, forêts, prairies, vallées... Les Parcs naturels régionaux de Nouvelle-Aquitaine constituent de formidables espaces pour la pratique des activités de pleine nature. Ils offrent des sites et des paysages exceptionnels, des circuits de randonnées, des sentiers d'interprétation, des sites d'observation ornithologique, des lieux insolites et secrets… L'occasion de découvrir des espaces naturels remarquables mais aussi des traditions riches et vivantes portées par des hommes et des femmes qui vous font partager leur amour pour le territoire. Vous avez le choix des ambiances : forêt de pins des Landes de Gascogne (Landes-Armagnac), plateaux et collines du Périgord Limousin (près de Limoges), « montagne Limousine » (Vassivière – plateau de Millevaches), Marais poitevin (près de Niort) ou plages du Médoc (sur la côte Atlantique).

www.parc-landes-de-gascogne.fr
www.parc-marais-poitevin.fr
www.pnr-perigord-limousin.fr
www.pnr-millevaches.fr
www.pnr-medoc.fr

Deux Parcs naturels marins

Créés pour mieux connaître, valoriser et protéger les écosystèmes marins tout en veillant à un développement durable des activités liées à la mer, les parcs marins sont au nombre de deux en Nouvelle-Aquitaine : le **Bassin d'Arcachon** avec des sites Natura 2000 et les deux réserves naturelles nationales, **banc d'Arguin** et **Prés salés d'Arès-Lège**, et **l'Estuaire de la Gironde et de la mer des Pertuis** qui englobe **la Gironde** et toute **la côte de Charente-Maritime, ses îles et la Baie de l'Aiguillon**.

www.aires-marines.fr
www.bassin-arcachon.com
www.estuaire-gironde.fr

Trois Grands Sites de France

En septembre 2020, **l'Estuaire de la Charente, Arsenal de Rochefort** est devenu le 21e Grand site de France, rejoignant les deux autres **Grands Sites de France** déjà labellisés dans la région : **la Vallée de la Vézère**, labellisée en 2019 et **le Marais poitevin**, dont le label a été renouvelé en 2018.

DES JARDINS REMARQUABLES

Avis aux amoureux des jardins ! De l'art topiaire à la roseraie romantique en passant par la géométrie des jardins à la française ou les curiosités botaniques du monde, la Nouvelle-Aquitaine possède 58 jardins labellisés « jardins remarquables ». De quoi se promener au vert et faire de belles découvertes. Quelques pistes ?

- Au Temple-sur-Lot (30 minutes d'Agen), dans les Vallées du Lot et de la Garonne, les **jardins de Latour-Marliac** abritent l'une des plus anciennes collections de nénuphars au monde qui a servie d'inspiration au peintre jean Monnet.
http://latour-marliac.com

- En Dordogne les adresses ne manquent pas pour déambuler dans des jardins enchanteurs qui savent sublimer les paysages qu'ils dominent ou les demeures dont ils sont les écrins. Les **jardins de l'Imaginaire** à Terrasson-Lavilledieu ou les **jardins suspendus de Marqueyssac** en sont deux exemples. A 13 km de Sarlat, les **jardins d'Eyrignac** s'inscrivent dans les grandes traditions du jardin « à la française ».
www.dordogne-perigord-tourisme.fr

- Dans les Deux-Sèvres, Beaulieu-sous-Parthenay au nord-est de Niort, abrite un jardin d'inspiration médiévale qui mérite le détour : le **jardin de la Guyonnière**.
www.tourisme-deux-sevres.com

- Enfin, c'est à Auriac en Corrèze, au cœur des paysages préservés et authentiques de la Xaintrie, que sont nés Les **Jardins de Sothys**, un jardin botanique contemporain. Sources d'inspiration des produits cosmétiques de la marque, les jardins abritent sur 4 ha de nombreux espaces structurés du jardin à la française aux jardins japonais, en passant par une superbe roseraie.
www.lesjardinssothys.fr

ITINÉRANCE PÉDESTRE, À VÉLO, À CHEVAL...

Première destination écologique de France avec des milliers de kilomètres de sentiers pédestres dont six chemins de Saint-Jacques-de-Compostelle, la Vélodyssée, une véloroute européenne de plus de 1 250 km le long de la côte atlantique française, la Nouvelle-Aquitaine offre un terrain de choix pour l'itinérance douce.

À pied sur les chemins de Saint-Jacques-de-Compostelle ou lors de randonnées dans la nature, à vélo ou encore en bateau sur les voies navigables, à cheval, il existe différentes façons de parcourir ce territoire multiple.

Six itinéraires de pèlerinage

La route de Tours, une route pittoresque à travers les vignes ; la route côtière ; la route de Vézelay, déjà célèbre au Moyen Âge ; la route du Puy avec une portion de 22 km inscrite sur la liste du patrimoine mondial de l'UNESCO ; la route d'Arles, le plus ancien chemin de Saint-Jacques et la route du Piémont Pyrénéen permettent de découvrir la Nouvelle-Aquitaine, direction Compostelle.

Les jardins suspendus de Marqueyssac lors d'une soirée aux chandelles.

© LAUGERY

Randonnées dans les Pyrénées ou dans le Parc naturel régional de Millevaches

Avec ses paysages multiples et somptueux, la Nouvelle-Aquitaine offre des horizons majestueux et enchanteurs. Les Pyrénées-Atlantiques, du Pays Basque au Béarn, offrent des sentiers de randonnée de tous niveaux, y compris le célèbre GR10 qui traverse les Pyrénées de l'océan Atlantique à la mer Méditerranée.Autour de Limoges, de nombreuses possibilités se présentent pour les amoureux de la nature, notamment dans le parc de Millevaches, un véritable « petit Canada », dont les panoramas à couper le souffle séduiront plus d'un randonneur.

Diversité de paysages, d'ambiances et de circuits pour les cyclistes

Partez à vélo en vacances avec nuit à la belle étoile en bivouac, pédalez sur les routes mythiques de Saint-Jacques-de-Compostelle, longez le canal des deux mers ou le littoral atlantique, explorez les forêts du Périgord, le canal de la Garonne, les Pyrénées et les vignobles de Cognac et de Bordeaux ! Parmi les grandes pistes cyclables européennes, la Vélodyssée relie la Bretagne à Hendaye, au Pays Basque, en passant par les Pays de la Loire et l'estuaire de la Gironde. Autre piste cyclable, la Flow Vélo relie l'océan Atlantique au Périgord. La moitié de l'itinéraire longe des voies navigables le long de la rivière Charente. Cet itinéraire prestigieux traverse Cognac.
Les possibilités de découverte de la Nouvelle-Aquitaine à vélo sont nombreuses et les itinéraires variés. La région totalise 4 200 km de véloroutes et voies vertes, 3 300 km d'itinéraires nationaux et 1 500 km en Eurovélo.

Rivières et canaux

Rien de tel qu'une promenade en bateau pour changer de perspective ! Il existe de nombreuses possibilités dans toute la région, de la Sèvre Niortaise au passage

Randonnée près du Lac d'Ayous, Pyrénées-Atlantiques.

de la Bidassoa, frontière naturelle entre la France et l'Espagne. Le canal de la Garonne, le Lot et la Baïse offrent aux visiteurs un réseau de 200 km de voies navigables. À bord de bateaux pêche sans moteur ou de ces bateaux traditionnels en bois à fond plat appelés « gabarres », à Bergerac ou à La Roque-Gageac en Périgord, ou sur la Charente encore dans une « galupe » sur le courant Huchet dans les Landes, découvrez les charmes des villages et des sites riverains de la Nouvelle-Aquitaine.

Coups de cœur

Au **lac de Vassivière**, de très nombreux sentiers balisés permettent de se promener le long des rives des lacs, des ruisseaux et à travers les forêts ou sur l'immense étendue du plateau de Millevaches. À pied, à cheval, en VTT, autour de la piste de Rives, sur 250 km de sentiers balisés, mais également sur l'eau, découvrez des milieux naturels exceptionnels.

www.lelacdevassiviere.com

Orgues de Bort-les-Orgues

Site incontournable de la Haute Corrèze, dans la vallée de la Dordogne, aux sud-ouest d'Ussel, cette curiosité géologique va vous séduire. Du centre bourg de la ville de Bort-les-Orgues, ces gigantesques colonnes de roche basaltique de 100 m de haut surplombent la ville sur près de 2 km et lui ont donné son nom. De nombreux rapaces nichent dans ses falaises, dont le faucon pèlerin ou l'aigle botté. Alentour, les grands espaces invitent à de beaux moments d'évasion.

www.tourisme-hautecorreze.fr

Croisière en péniche-hôtel

En amont de Bordeaux, sept croisiéristes vous emmènent à la découverte de la Garonne, à proximité de l'Entre-deux-Mers et du Sauternais. En aval, dirigez-vous vers l'estuaire de la Gironde, ses îles, le village de Pauillac : le passage vers les vignobles du Médoc et Blaye, la citadelle Vauban située au bord du fleuve.

Trois randonnées à cheval

La Nouvelle-Aquitaine offre près de 800 chemins de randonnées à cheval pour une découverte de la région de façon douce et sereine, en osmose parfaite avec la nature.

- Sur la **route européenne de d'Artagnan**, premier itinéraire équestre européen, venez arpenter au rythme du cheval les sentiers néo-aquitains, étape incontournable de cette route sur les traces du célèbre Mousquetaire au service du roi Louis XIV. Votre aventure à cheval vous mènera des Landes – Armagnac à la ville de Poitiers et vous fera notamment découvrir la citadelle de Blaye, la place forte de Brouage sur la côte Atlantique.- Situées à proximité des 600 ha d'espaces naturels du domaine de loisirs d'Hostens et de ses cinq lacs, les Écuries du lac d'Hostens vous feront découvrir les paysages verdoyants et apaisants du Parc naturel régional des Landes de Gascogne.

- Vous voulez **galoper sur la plage** ? Partez avec le centre équestre de La Prade à Messanges pour un itinéraire qui emprunte les sentiers en forêt à la découverte de peuplements anciens de pins maritimes, **longe l'étang sauvage de la Prade et serpente jusqu'à l'océan**. À la tombée de la nuit, le bruit des vagues résonne à travers la pinède et progresse au rythme des chevaux jusqu'à la rencontre avec l'océan. Un spectacle grandiose et une expérience inédite.

L'EAU DANS TOUS SES ÉTATS

Se baigner dans les eaux turquoise des lacs landais, naviguer sur le paisible canal de Garonne, pêcher le brochet sur le lac de Vassivière, se perdre dans le dédale du Marais poitevin… La Nouvelle-Aquitaine se vit et se découvre aussi au fil de l'eau de ses canaux, lacs et rivières, sans oublier les plaisirs nautiques de son littoral.

ITINÉRANCES FLUVIALES

Mettez les voiles pour Hendaye en longeant la côte. Rien de tel qu'une promenade en bateau pour changer de perspective ! À Agen, on louez une péniche sans permis pour écluser le canal de Garonne jusqu'à Bordeaux. En barque, voguez dans les canaux du Marais Poitevin. Prenez le bac Royan-Le Verdon pour traverser l'Estuaire de la Gironde. À Oléron, laissez-vous surprendre par la marée et passez la nuit sur l'île, tels des Robinson. La Nouvelle-Aquitaine regorge de pistes pour des itinérances douces, en voici quelques-unes :

Se la couler douce le long de la Charente

Essayez le canoë sur la Charente. Jarnac par exemple se dévoile de manière inédite au fil de l'eau. L'eau est calme, le fleuve large et les coins d'herbe facilement accessibles lorsqu'une pause se fait sentir. Pique-niquez après l'écluse, sur l'île.
Plus loin, vous longez de belles demeures bourgeoises. Retour ombragé, porté par le courant. À la fin du trajet, baignade vers le parc de Gondeville. Pour éviter de pagayer, vous avez la possibilité de louer un bateau sans permis auprès du Boat Jarnac pour des balades plus longues d'un week-end ou d'une semaine le long du fleuve.

Trois Balades en Vallées du Lot et de la Garonne

Le Canal des Deux Mers (ou Canal de Garonne)
Périmètre de navigation : 193 km de Toulouse, où il vient compléter le Canal du Midi, à Castets-en-Dorthe (Castets-et-Castillon) où il rejoint la Garonne.
Sur quels bateaux ? Bateaux habitables sans permis, bateaux promenade, bateaux pour balade individuelle, canoë-kayak...
Le canal est bordé de platanes centenaires, parfois en triple rangée. À voir sur le trajet : **Agen** et son pont-canal, le clocher hélicoïdal de **Sérignac-sur-Garonne**, **Buzet-sur-Baïse** et la jonction avec la Baïse, la **bastide de Damazan**, **Mas d'Agenais**, sa collégiale et son Rembrandt, **Meilhan-sur-Garonne** et son panorama... Le Canal est longé par la **Véloroute Le Canal des Deux Mers à vélo**.

Le Lot

Périmètre de navigation : 72 km de **Fumel** (Saint-Vite) à Nicole, sa confluence avec la Garonne. Un canalet permet de rejoindre la Garonne en évitant les turbulences et bancs de sable de la confluence.
Sur quels bateaux ? Bateaux habitables sans permis, bateaux promenade, bateaux pour balade individuelle, aviron, canoës.
À voir sur l'itinéraire : **Lustrac** et les dernières falaises, **Penne-d'Agenais** pour ses artisans d'art et son panorama, la **bastide de Villeneuve-sur-Lot**, les plages de Clairac et Aiguillon. Des propriétés agricoles proposent des pontons pour rejoindre la ferme, la visiter et/ou s'y ravitailler. Les écluses de Villeneuve-sur-Lot et de Castelmoron-sur-Lot sont les plus hautes écluses à petit gabarit de France. La **Véloroute de la Vallée du Lot** longe au plus près la rivière.

La Baïse

Périmètre de navigation : 61 km de Valence-sur-Baïse dans le Gers à la confluence avec la Garonne (à Saint-Léger), au départ de **Buzet-sur-Baïse**.
Sur quels bateaux ? Bateaux habitables sans permis, bateaux promenade, bateaux pour balade individuelle, canoë-kayak. La Baïse aux eaux vertes coule le plus souvent entre deux rideaux d'arbres. Des haltes incontournables : **Moncrabeau**, le village des menteurs ; la **cité médiévale de Nérac** ; la bastide de **Vianne** ; la jonction avec le Canal de Garonne à **Buzet-sur-Baïse** (une double écluse pour descendre de l'un à l'autre) et la Cave des Vignerons de Buzet.

De nombreuses croisières au départ de Bordeaux

Pour une durée de 5 à 7 jours, embarquez à bord de navires fluviaux pour séjourner en itinérance douce. En amont de Bordeaux, les croisières vous emmènent sur la Garonne vers l'Entre-deux-Mers et le Sauternais. En aval, direction l'estuaire de la Gironde, ses îles, les villages de Pauillac, porte d'entrée du vignoble du Médoc et Blaye, avec sa citadelle Vauban. De l'estuaire, on remonte aussi la Dordogne en direction de Libourne et Saint-Émilion, joyau médiéval classé par l'UNESCO avec son paysage viticole.

Les croisiéristes basés à Bordeaux : CroisiEurope, Viking, Uniworld, Scenic Tours, Aquitaine Croisières, Amawaterways.

TOURISME BALNÉAIRE

Baignade et cours de surf sur les plages océanes au Pays basque, dans les Landes, sur le littoral médocain ou charentais, escapade en bateau sur le Bassin d'Arcachon, sports nautiques et farniente sur le sable, dans les criques et sur les îles... Avec 750 km de côtes, les plaisirs balnéaires sont incontestablement au programme de la Nouvelle-Aquitaine.

Royan reine de la côte de beauté

A l'entrée de l'estuaire de la Gironde sur la côte Atlantique, cette station balnéaire, classée Ville d'art et d'histoire, est 100 % vintage avec une architecture moderne, typique des années 1950. On aime les « folies » de Royan, ces belles villas de front de mer, ses tentes de plage rayées bleu et blanc immortalisées par les artistes, les Halles en forme de coquillage, la flèche de l'église Notre-Dame et le magnifique boulevard Garnier devant la longue plage de sable fin qui a fait la réputation de la station.

Quatre îles

D'une variété remarquable ces îles vous dépaysent : l'île de Ré, l'île d'Oléron, l'île d'Aix et l'île Madame.

Des stations balnéaires pour toute la famille...

Sur la presqu'île d'Arvert au nord de Royan, Saint-Palais-sur-Mer vous offre la baignade et la pêche en plus... Vaux-sur-Mer est réputée pour son sable fin... À Ronce-les-Bains La Tremblade, la forêt s'épanouit à deux pas des baigneurs : larges étendues côtières et plages naturistes pour des vacances « soleil ». La station des Mathes-La Palmyre vous propose sa farandole de plages et d'activités et surtout l'incontournable Zoo de La Palmyre. Au sud, dans l'estuaire de la Gironde, Saint-Georges-de-Didonne, capitale du char à voile, regorge d'activités nautiques... Et Meschers vous attend avec ses plages de sable fin entrecoupées de falaises abritant des grottes à visiter !

Un écrin naturel : l'estuaire de la Gironde

Entre Royan et Bordeaux se découvre **le plus vaste estuaire d'Europe**, un monde sauvage et protégé.

À ne pas manquer : Talmont-sur-Gironde, un des plus beaux villages de France, le phare de Cordouan, la citadelle de Blaye et le verrou défensif de Vauban, le petit port de Bourg.

VERSION NUMÉRIQUE
OFFERTE
Obtenez votre guide numérique en scannant le QR code
ou rendez-vous sur le site
www.ebookfute.com
avec le code avantage
9SA7QA
petit futé
NOUVELLE AQUITAINE
OFFRE VALABLE JUSQU'À L'ARRÊT DE COMMERCIALISATION DU TITRE EN FRANCE MÉTROPOLITAINE ET DANS LE MONDE ET SOUS RÉSERVE QUE LE NOMBRE DE TÉLÉCHARGEMENTS SOIT INFÉRIEUR OU ÉGAL AU NOMBRE D'EXEMPLAIRES DE GUIDES PAPIER IMPRIMÉS. FORMATS DISPONIBLES POUR SMARTPHONES, TABLETTES, LISEUSES ET ORDINATEURS PC OU MAC.
© PERFECTLAB - SHUTTERSTOCK.COM

Plages du Cap-Ferret.

Plages d'Arcachon

Détendez-vous. Les **plages du bassin d'Arcachon**, où l'on se baigne à marée haute, sont plus tranquilles que les vagues toniques de la **côte océane**. Pour une **immersion en eau douce**, cap sur le grand Lac de Cazaux, au cœur de la forêt des Landes. Les plus avides de baignades variées pourront même profiter des trois types de plages dans la même journée.

Médoc atlantique, Landes ou Pays basque ?

L'océan est un terrain de jeu qui incite à des plaisirs multiples. Profitez des **plages surveillées du Médoc atlantique**, de Lacanau au Verdon-sur-Mer, au bord des lacs de Lacanau, Carcans et Hourtin, sur l'estuaire ou même de l'unique plage naturiste surveillée de St-Nicolas, localisez les drapeaux et jetez-vous à l'eau ! Il y a aussi le café du matin sur **une des plages de Seignosse** pour checker les vagues, puis la lecture du journal sur **la plage de Cenitz**. Deux ambiances bien différentes ! Seignosse c'est Les landes avec une plage fait 6 km, une forêt de pins et de chênes, protégés des embruns par les dunes de sable, mais aussi des étangs secrets avec des restos juste au bord de l'eau, des barques, des canards et des roseaux dans le vent. Seignosse c'est également un golf, le voisin Hossegor avec son lac marin, et, juste à côté le charme du port de Capbreton. Quant à Cenitz, c'est le Pays basque, avec un littoral rocheux aux eaux agitées, des falaises et panoramas à couper le souffle.

PÊCHE

Vous pêchez ? Ici, ce ne sont pas les poissons qui manquent... La Nouvelle-Aquitaine, territoire des eaux par excellence comme son étymologie l'indique – *Aqua*, signifie eau en latin –, offre aux pêcheurs chevronnés comme aux néophytes des spots de pêche et des expériences inédites aux quatre coins de son territoire. En Corrèze, sur le lac de Vassivière, dans les gaves des Pyrénées ou en mer des Pertuis charentais, vous vous ferez plaisir. Au lac de Pelisse, vous pouvez même pêcher sans bouger de la terrasse d'une cabane flottante. Si le lac de Vassivière est particulièrement apprécié des pêcheurs, dans la version sportive, les torrents des Pyrénées ont leurs adeptes. Osez les plumes de coq qui font de parfaites mouches pour appâter les truites. Voici quelques spots. Bonne pêche !

Pêche aux carnassiers sur le lac de Vassivière

Armez-vous de votre meilleure canne à pêche et partez sur une barque ou un petit bateau à moteur depuis l'un des nombreux ports qui jalonnent le pourtour du lac, petite mer intérieure perchée au pied du plateau de Millevaches. Sandres, brochets, perches, black-bass, ici c'est le royaume des carnassiers ! Certains dépassent même le mètre de long !

Pêche à pied sur l'île d'Oléron

Des bottes, une épuisette, un seau, un couteau et un crochet. Vous voilà déjà bien équipé pour partir à l'assaut des étendues de sable, de rochers ou de vase que laisse apparaître l'océan en se retirant sur la côte de l'île d'Oléron. Au menu ce midi : crevettes, huîtres, crabes, couteaux et autres palourdes. Vous allez vous régaler ! Pensez tout de même à laisser tranquilles les petits animaux pour qu'il en reste pour les autres la saison prochaine… Et soyez vigilants sur les horaires des marées avant de commencer.

Pêche de la seiche et du calamar sur les jetées du bassin d'Arcachon

De jour comme de nuit, remontez la jetée, équipé de votre canne et de votre « turlutte » (il s'agit bien là du leurre équipé d'une couronne d'hameçon, idéal pour la pêche au calamar). Il ne vous reste plus qu'à vous y mettre, histoire de pouvoir faire une bonne plancha de jeunes sèches, les « casserons » comme on dit localement. Coup de cœur pour la pêche à la tombée de la nuit avec les lumières qui s'allument au loin, de l'autre côté du Bassin.

Pêche d'une cabane flottante sur le lac de Pelisse

Entre les vallées de la Dordogne et du Lot, le lac de Pelisse vous invite à partir en barque pour rejoindre une des cabanes flottantes au milieu du lac. Installez-vous sur la terrasse avec votre canne à pêche. Pas de panique si ça ne mord pas : le dîner et le petit déjeuner vous sont livrés en bateau.

Pêche en haute mer sur la Côte Atlantique

Embarquez avec votre guide de pêche à la conquête de l'océan ! Il vous dira tout ce qu'il faut savoir sur les grands fonds de la Côte Atlantique de Nouvelle-Aquitaine, qui regorgent de thons, de bars, de lieus et de maigres.

Pêche à la truite dans les vallées pyrénéennes

Ici c'est le royaume des pêcheurs à la mouche. Que ce soit dans les vallées d'Aspe, d'Ossau ou encore dans le Pays basque, les ruisseaux et rivières foisonnent pour les pêcheurs qui souhaitent arpenter les cours d'eau à pied, tout en observant l'horizon magnifique des monts pyrénéens.

Pêche en famille à Pescalis dans les Deux-Sèvres

Vous rêvez de pouvoir initier vos enfants aux joies de la pêche ? Alors direction Pescalis, le plus grand parc d'activités nature et pêche d'Europe.

Pêche au carrelet.

Côté « pêche » : un domaine de plus de 250 ha de nature dont 100 ha de lacs dédiés à différents types de pêches (pêche au coup, pêche au carnassier, pêche au lancer, etc.). Côté « détente » : un restaurant, un aquarium d'eau douce, des promenades autour des étangs à pied, à vélo, ou à cheval, une aire de jeux, un mini-golf, une mini ferme, un terrain multisport (football, basket...), du ping-pong, un terrain de tennis et bien sûr une piscine !

Pêche à la lamproie dans l'estuaire de la Gironde

Vous connaissez la lamproie, cet animal préhistorique, hybride de poisson et d'anguille ? Ne vous laissez pas impressionner par son aspect atypique, vous avez en face de vous l'un des rois des poissons de l'estuaire de la Gironde. Très recherché par les gastronomes, il doit ses lettres de noblesse gustatives à la préparation de sa sauce au vin rouge qui en sublime la saveur. Sa rareté en fait un mets d'exception.

Pêche au carrelet dans les estuaires de la Charente et de la Gironde

La pêche au carrelet est une méthode de pêche utilisant un filet horizontal monté sur une armature carrée, mis à l'eau à partir d'une pêcherie sur pilotis. Une fois le filet plongé dans l'eau, il ne reste plus qu'à attendre. Pourquoi ne pas en profiter pour boire l'apéro entre amis. Sur la table : pineau des Charentes, vin blanc de l'Entre-deux-Mers, huîtres de Marennes-Oléron, crevettes blanches de l'estuaire à l'anis, mouclade...

Pêche à l'anguille dans le Marais poitevin

Au cœur du Marais poitevin, aux confins des canaux qui sont le théâtre de bien des légendes, vit un poisson unique : l'anguille. Celle qui est souvent renommée « serpent aquatique » a fait un long chemin depuis les eaux froides de l'Atlantique ouest pour venir passer sa vie dans la « Venise verte ». Ici, on pêche traditionnellement l'anguille « à la vermée ». C'est-à-dire sans hameçon et avec un parapluie ! Eh oui ! Et respectez les consignes de la fédération de pêche : l'anguille est une espèce protégée.

Pêche avec « Float tube » sur la Vienne

La pêche innove en Nouvelle-Aquitaine avec cette pratique du « Float tube » qui se développe tout le long de la Vienne. Vous vous installez sur une embarcation propulsée par des palmes qui ressemblent à une grosse bouée à la rencontre des carpes et autres carnassiers.

Pour tout savoir sur la pêche en Nouvelle Aquitaine : *www.peche-nouvelle-aquitaine.org*

DU SPORT À 360°

Destination sportive par excellence, la région dispose d'atouts naturels exceptionnels, propices à la pratique d'activités de plein air tout au long de l'année : 4 200 km de pistes cyclables, 750 km de côtes pour pratiquer le surf, 88 golfs répartis entre vignobles et océan, dont le plus ancien d'Europe à Pau, un parc naturel national et cinq parcs naturels régionaux pour la randonnée. La Nouvelle-Aquitaine vibre également au rythme du rugby avec ses 6 clubs du Top 14 et à l'accueil chaleureux de ses pratiquants dans toute la région.

TERRE DE RUGBY

Avec près de 400 clubs et près de 60 000 licenciés, dont l'Aviron Bayonnais, le Biarritz Olympique, l'Union Bordeaux Bègles ou le SUA Agen, la Nouvelle-Aquitaine est le pays du rugby.

Depuis la fin du XIXe siècle, la région est fortement liée à ce sport. La pratique est venue d'Angleterre, mais s'est rapidement répandue en France par les ports de Bordeaux et de Bayonne, où les marins anglais ont transmis leur amour du jeu à leurs homologues français. Le premier club a été créé à Bordeaux en 1877 et, depuis lors, le sport s'est développé dans la région qui a produit un grand nombre de joueurs exceptionnels et de clubs d'élite. Six d'entre eux font aujourd'hui partie des 14 meilleurs clubs professionnels de rugby français : Agen, Bordeaux-Bègles, La Rochelle, Brive, Bayonne et Pau. L'animation des tribunes, les matchs et les fêtes d'après-match...

Autant de moments passionnants à vivre, y compris avec les autres supporters des équipes, tels que les Irlandais, les Britanniques ou les Italiens, qui viennent parfois en Nouvelle-Aquitaine pour assister aux compétitions européennes. Ambiance sportive dans le vrai sens du terme au rendez-vous et l'occasion de vibrer au rythme du rugby avec les habitants de la Nouvelle-Aquitaine qui partagent volontiers avec vous leur passion pour le ballon ovale et vous font découvrir l'art de vivre qui l'accompagne.

Bordeaux

Le rugby en Nouvelle-Aquitaine prend ses racines à Bordeaux en 1877. Le sport fait partie de la culture du territoire et s'y inscrit par l'histoire de son club, l'Union Bordeaux Bègles, sa réputation nationale et l'affluence record de son stade. Une expérience à combiner avec la découverte des charmes de la capitale régionale.

Biarritz, Pays Basque

Le rugby basque est une institution. C'est à Bayonne que le **musée du rugby**, unique en France a ouvert ses portes (*www.rugbytattoofamily.com*). La destination propose plusieurs centres de thalassothérapie, certains appartenant à d'anciens joueurs de rugby, qui sont spécialisés dans la remise en forme des sportifs de haut niveau.

DAMIEN TRAILLE, VICE-CHAMPION DU MONDE DE RUGBY ET ÉPICURIEN

Sportif de haut niveau originaire de Pau, Damien Traille joua au sein de la Section paloise, de Biarritz olympique et en équipe de France. A son palmarès : deux titres de champion de France, deux fois finaliste en Coupe d'Europe et une fois à la deuxième place en Coupe du monde. Celui qui a débuté en novembre 2001 au Stade de France face à l'Afrique du Sud, a terminé sa carrière internationale en octobre 2011 à Auckland contre la Nouvelle-Zélande. Ce chantre du ballon ovale regrette la solidarité d'antan et l'ambiance des fameuses troisièmes mi-temps. Aujourd'hui, il est impliqué dans une maison d'excellence qui produit des confitures.

« **J'ai cessé d'être joueur professionnel en 2017.** Durant deux ans, j'ai entrainé les jeunes au club de Biarritz. Puis j'ai eu la chance de faire une transition en douceur. On sait à quel point la reconversion d'un sportif de haut niveau peut-être difficile. En Nouvelle-Aquitaine, au sein de notre sud-ouest gourmand, nombre d'anciens sportifs professionnels se reconvertissent avec succès dans le tourisme ou la gastronomie.

Pour ma part, **la maison Francis Miot** m'a donné l'opportunité de revenir sur Pau. Pour mémoire, Francis Miot a créé sa confiturerie en 1985, fut Meilleur confiturier de France, triple Champion du Monde de confitures, avec à ses côtés Jean-Bernard Othax, en charge de la commercialisation. Créateur insatiable, il a transmis son opiniâtre volonté d'innover à travers ses recettes aux associations audacieuses.

En 2005, Jean Othax, frère de Jean-Bernard Othax, a rejoint la maison et le fondateur, qui souhaitait passer la main, a cédé ses parts aux frères Othax, deux amoureux des fruits et experts dans la conquête des marchés étrangers.

Je reviens à cette histoire, car dans ma jeunesse, c'est Jean Othax, alors responsable au sein de la Section paloise, qui a signé mon premier contrat de joueur. Lorsqu'il a fait appel à moi pour devenir ambassadeur des confitures Francis Miot ce fut une joie pour moi de pouvoir lui renvoyer l'ascenseur ! Depuis, je suis devenu actionnaire au sein de cette maison.

Bien entendu, je reste à l'écoute du monde du rugby. Je reste admiratif des All Black, de leurs anciens joueurs fantastiques, mais aussi de leur réussite à transmettre leur talent à la nouvelle génération, assurant vraiment la relève. Je suis admiratif aussi de petits clubs qui font de très belles choses avec de petits moyens. »

© GABRIEL-M - ISTOCKPHOTO.COM

Vallées du Lot et de la Garonne, Agen
Avec son club professionnel, Agen est une entrée originale pour suivre les matchs de rugby de haut niveau tout en explorant les beaux paysages des vallées du Lot et de la Garonne. Dans la **chapelle communale de Monclar d'Agenais**, des vitraux à l'effigie des joueurs de rugby et des matchs mettent en valeur ce sport qui est célébré chaque année à Pentecôte.

Landes, Armagnac
À mi-chemin entre l'océan Atlantique et les Pyrénées, les villes de Dax et de Mont-de-Marsan sont connues pour la passion de leurs habitants pour leurs clubs de rugby professionnels. On peut aller se recueillir à la chapelle Notre-Dame du Rugby à Larrivière-Saint-Savin. Chaque année, le lundi de Pentecôte, les joueurs de l'ovalie se réunissent pour une grande cérémonie dans cette petite chapelle landaise dédiée ornée de plusieurs maillots de joueurs et de vitraux mariant motifs religieux et rugbystiques.

Vallée de la Dordogne, Brive
Ville sportive, Brive-la-Gaillarde est une autre destination du rugby en Nouvelle-Aquitaine et maintient cette image grâce à ses belles années classées parmi les meilleures équipes françaises. Pour rester dans le thème, la ville de Brive propose un Escape Game avec différents thèmes, dont un vestiaire de rugby où les joueurs sont enfermés et doivent trouver la clé avant le début du match.

Côte atlantique, La Rochelle
Nouvelle destination pour le rugby, La Rochelle offre une expérience unique et la possibilité de s'immerger dans l'atmosphère des matchs professionnels tout en découvrant la beauté de la côte atlantique.

TERRE DE SURF

On vient prendre la vague en Nouvelle-Aquitaine qui abrite quelques-uns des meilleurs spots de surf d'Europe. Les puissantes déferlantes constituent un attrait majeur pour les compétitions nationales et internationales (Coupe de France, Championnat du monde, Quiksilver et Roxy Pro, etc.), mais des clubs et des écoles de surf ont également été créés sur tout le territoire pour toucher un public plus large. Notons que la Nouvelle-Aquitaine est le siège de la Fédération Française de Surf et des plus grandes marques de surf : Quicksilver, O'Neill, Billabong, Rip Curl...
Dans une région riche en attraits divers, de la gastronomie aux fêtes et traditions locales, le surf est une façon originale de découvrir le littoral et d'interagir avec les habitants. Si Biarritz est devenue la première ville de surf en France en 1957, les sites de surf de la Nouvelle-Aquitaine ne se cantonnent pas sur la côte basque. Les plages de l'île d'Oléron, du Médoc (Soulac, Carcans Océan, Lacanau) et des Landes (Biscarrosse, Moliets et Mimizan) sont également très appréciées des surfeurs de tous niveaux. La Nouvelle-Aquitaine compte près de 400 établissements de sport et d'activité physique liés à l'enseignement du surf, dont une centaine de clubs de surf. Les structures d'hébergement axées sur l'industrie du surf – et en particulier les surf camps – sont de plus en plus nombreuses.

La côte est animée toute l'année, avec des restaurants, des bars branchés, des boutiques de vêtements, des ateliers d'artisans et de fabricants de planches de surf.
www.surfingaquitaine.com

Biarritz est le berceau du surf européen. En 1956, pour le tournage du film « Le soleil se lève aussi », adaptation du roman d'Hemingway, deux Californiens, Dick Zanuck et Peter Viertel, avaient apporté leurs planches pour surfer entre deux prises. Ils furent les premiers à surfer sur les vagues exceptionnelles du Pays basque, favorisant ainsi la pratique du surf sur le continent européen.

Hendaye, Saint-Jean-de-Luz, Anglet et Guéthary sont également reconnus pour la qualité de leur expérience surf. C'est la « Californie française ». Plages de rochers ou de sable fin, petites ou grandes vagues, été comme hiver, il y en a pour tous les goûts et tous les niveaux.

Les spots situés sur la côte atlantique, à l'orée de la « forêt landaise », profitent des meilleures vagues du golfe de Gascogne. Avec ses longues plages de sable fin, la Côte d'Argent se distingue par sa nature préservée et ses spots de surf de renommée internationale : Hossegor, Seignosse, Biscarosse-Plage, Vieux-Boucau et Capbreton.

À moins d'une heure de Bordeaux, plusieurs spots de surf exceptionnels sont à découvrir : Lacanau, Le Porge, Soulac, Cap Ferret, Carcans, Hourtin. L'expérience des visiteurs peut être enrichie par une promenade sur la plus haute dune d'Europe, la dune du Pilat, ou par une dégustation d'huîtres sur le bassin d'Arcachon.

Plus au nord sur la côte atlantique, **surfez les vagues** aux abords de l'île de Ré et de l'île d'Oléron jusqu'aux plages de la Côte Sauvage et de La Palmyre. La plage de Pontaillac à Royan est sans aucun doute le spot de surf tout indiqué **pour les débutants**, car elle sert d'excellent échauffement avant de se diriger vers le ***beach break*** de la Presqu'île d'Arvert.

Surf à Biarritz.

TERRE DE GOLF

Vous golfez face à l'océan, à l'ombre des pins, entre les vignes ou au creux des dunes… Sur les greens du Médoc, des Vigiers en Dordogne, de Seignosse dans les Landes ou du Phare à Biarritz, la Ryder Cup ici, c'est tous les jours.

Des vignes à l'océan, golfez autour de Bordeaux

L'association Golf In Bordeaux – *www.golf-bordeaux-gironde.fr* – rassemble huit golfs à moins d'une heure de Bordeaux avec un pass, des remises sur les green-fees, des hébergements de charme, des packs séjours. Parmi eux :

- **Golf au milieu des vignes : Golf du Médoc Resort**

Entre estuaire et océan, la presqu'île médocaine est un territoire majeur du Bordelais, parsemé d'appellations prestigieuses, de Pauillac à Margaux en passant par Saint-Estèphe. Classé dans le top 10 des resorts golf d'Europe, le golf du Médoc accueille de nombreuses compétitions et des championnats internationaux. Hôtel, spa, restaurant et domaines viticoles de renom permettent de composer des séjours inoubliables.

- **Golf au bord de l'océan : Golf de Lacanau**

Nous restons sur la presqu'île du Médoc, mais cette fois cap à l'ouest, sur la côte, pour rejoindre la célèbre station balnéaire de Lacanau. À mi-chemin entre l'océan et le lac, le golf de Lacanau est construit sur du sable et accueille les débutants comme les joueurs confirmés en toute saison.

- **Autour de Bordeaux toujours : le Grand Saint-Émilionnais Golf Club**

Ce golf déploie ses fairways dessinés par Tom Doak à 10 km de la Juridiction classée au patrimoine mondial par l'UNESCO. Reliefs doux, arbres séculaires et vignes en toile de fond pour des swings inspirés. Ici aussi le patrimoine alentour promet de belles découvertes.
www.signaturegolfdestination.com

En Dordogne : golf au château

Le golf des Vigiers occupe le domaine d'un Château du XVIe siècle et offre deux parcours 18-trous, un restaurant étoilé au Michelin, 77 chambres quatre étoiles, un spa... Vous l'avez compris, le cadre est exceptionnel.
De même les environs : Monbazillac pour les amateurs de vins, Bergerac et ses ruelles médiévales, les rives de la Dordogne et leur charme bucolique… Hors pair.
http://vigiers.com

Cinq parcours du Pays basque, face à l'océan

Le Pays basque a des allures de green à lui tout seul. Le tracé serpente par la forêt de pins, traverse la ville puis se jette dans l'océan. Tous ces parcours insolites étant concentrés dans un mouchoir de poche, vous allez pouvoir changer d'ambiance continuellement.
https://fr.biarritz-destination-golf.com

- **Golf de Chiberta à Anglet**

C'est sans doute **le plus déroutant** : il longe la mer avant de s'enfoncer dans la forêt de pins. **Le plus technique aussi.** Parce qu'entre les links (sur sable donc) et les *inlands* (dans les terres, voire dans la forêt), il faut une certaine maîtrise pour en venir à bout. Handicap 35 requis, minimum !

Golf d'Arcangues.

Golf de Chantaco à Saint-Jean-de-Luz

C'est le « berceau du golf basque » au pied des Pyrénées, qui voit se croiser people et pro, depuis sa création en 1928, d'Arnaud Massy à Jean Garaïalde en passant par le prince de Galles et Charlie Chaplin. Coup de cœur pour le club house, conçu en 1927 mariant une ambiance Art déco et néobasque.

Golf de Biarritz Le Phare

C'est le plus ancien du Pays Basque. Il a été implanté par les Anglais en 1887. Au cœur de la ville, c'est **un extraordinaire jardin,** au tracé court, mais étroit et exigeant. En 1988, le **baron Albert de l'Espée** voulant marquer le centenaire du golf de Biarritz Le Phare et asseoir définitivement la région comme une terre de golf, finance Ilbarritz, **somptueux parcours face à l'océan et centre d'entraînement**. Belle vue sur Biarritz et **la baie de Biscaye.**

Golf d'Arcangues

Un des derniers-nés, fondé dans les années 1990 avec un tracé mouvementé, entre les chênes et les prairies, autour du château d'Arcangues. **Points de vue** époustouflants sur la chaîne des Pyrénées et sur la Rhune avec au loin l'océan. Vous golfez à 10 km de Biarritz, dans le domaine où cohabitent le **château médiéval de la famille d'Arcangues** et un golf. Le club house vaut clairement le détour. Aménagé dans une ferme séculaire, il est réputé autant pour sa cuisine traditionnelle, son emplacement et considéré comme l'un des plus beaux de France.

D'autres golfs au Pays Basque...

Aux portes de Bayonne, le **18-trous de Bassussarry** offre des fairways vallonnés, larges et confortables. Le practice en dénivelé sur 250 m donne la possibilité de jouer un large panel de clubs sur différentes zones marquées.

À l'intérieur du Pays basque, aux abords du village de Souraïde – tout près d'Espelette –, le **Golf Epherra** comble les golfeurs à la recherche d'une ambiance bucolique. C'est un 18-trous qui allie parcours technique et champêtre avec dévers, et se caractérise par ses **tarifs abordables**. Restaurant et bar avec panorama face au sommet de la Rhune et au piémont pyrénéen.

Dans les Landes

Une dizaine de golfs et practices, dont trois parcours de renommée internationale, accueillent les passionnés entre pins et océan, sur des sols sablonneux qui permettent de pratiquer toute l'année (Hossegor, Moliets, Seignosse, Mont-de-Marsan, Souston-Pinsolle, Pau, Limoges, Royan…). Parmi eux, le **golf d'Hossegor**, inauguré en 1930, est le doyen des parcours landais. Avec 18 trous au cœur d'une forêt de pins, d'arbousiers et de chênes-lièges, abritée des vents marins, il fait partie des plus beaux parcours français et attire des joueurs venus de nombreux pays.
www.golf-landes.com

AUTRES SPORTS

La Nouvelle-Aquitaine est une destination idéale pour tous les ports de plein air, randonnée pédestre, sports nautiques et sports d'hiver, en tête. Mais aussi le vélo, le VTT dans les monts de Guéret, le trail en Corrèze, l'équitation ou des sports locaux populaires comme la pelote basque.

Pau vous ouvre la porte des Pyrénées et de ses stations village. Ici, la montagne se vit à la béarnaise, c'est-à-dire en toute convivialité. Louez un chalet au pied des pistes pour votre tribu. Venez **skier et surfer** sur de beaux domaines, parfaits pour les familles. Les vallées d'Aspe, du Barétous et la Vallée d'Ossau abritent 5 stations situées entre 1 100 et 2 450 m d'altitude : La Pierre Saint-Martin, Le Somport, Issarbe, Artouste et Gourette.
www.pyrenees-bearnaises.com
www.ossau-pyrenees.com

La **pelote** est un jeu très ancien, pratiqué par les Mayas et les Aztèques, puis en Europe via les Grecs. Mais c'est au **Pays Basque** qu'elle a survécu. Au XVIIIe siècle, les Basques ont pensé à utiliser le mur et ses angles pour offrir une alternative à un jeu qui se pratiquait d'un camp à l'autre. L'idée ? Privilégier l'intelligence plutôt que la force. La pelote basque a son musée : écomusée de la pelote et du xistera pilotari - Chemin Karrika, 64310 Saint-Pée-sur-Nivelle.
www.ecomuséepelotebasque.fr

Classé par les Américains parmi les 10 plus beaux marathons du monde, traditionnellement costumé, le **Marathon du Médoc** est certainement le premier pour sa convivialité et son ambiance festive et colorée. Serez-vous l'an prochain, le 11 septembre 2021, à Pauillac, pour vous lancer dans cette aventure joyeuse, gourmande et sportive ? ! Au menu : une vingtaine de tests « œno-sportifs » dans les appellations de Pauillac, Saint-Julien, Haut-Médoc et Saint-Estèphe, 55 animations et points de dégustations variés du parcours.
www.marathondumedoc.com

ESCAPADES URBAINES

Quel que soit le but recherché dans une escapade urbaine, les principales villes de la Nouvelle-Aquitaine vous donneront satisfaction parce qu'elles offrent un concentré de la région permettant de bien sentir l'air et l'esprit qui les animent. En outre, elles présentent la particularité d'être généralement faciles d'accès et sans problème de circulation. Au programme, visite de musées, soirées entre amis, spectacles de qualité. Vous pouvez aussi profiter de l'animation qui règne traditionnellement sur les marchés citadins : marché des Capucins à Bordeaux, nouvelles halles de Pau et Limoges, marché des Couronneries à Poitiers, etc.

SOIRÉES ENTRE AMIS

Pour une soirée entre amis, les bars conviviaux et les tables gourmandes sont légion et les villes s'animent dès la tombée de la nuit :
Bordeaux vous charmera lors d'une soirée sur l'Iboat – un restaurant flottant avec salle de concert et Club electro –, sur le toit du Mama Shelter ou à la Guinguette Chez Alricq. Vous pouvez également vous retrouver autour d'un verre dans les établissements de la rue Charles Michels à **Limoges**, de l'îlot Tison à **Poitiers** ou profiter de la pêche du jour à La Sardinerie, un restaurant situé sur le port de pêche de **Saint-Jean-de-Luz**.
La Rochelle, de son côté, vous invite à déguster des huîtres sur la terrasse du Petit Bleu avant de terminer la soirée à la Guignette, bistro de pays authentique.

La Rochelle en été.

De nombreux rendez-vous

Des concerts et des festivals sont programmés en Nouvelle-Aquitaine tout au long de l'année. Parmi les plus célèbres, les **Francofolies** de La Rochelle (musique pop, rock et électronique) ont lieu à la mi-juillet ; **Garorock** vous attend à Marmande à la fin du mois de juin ; les **Cognac Blues Passions** vous permettent de profiter de la musique afro-américaine début juillet alors que le **festival de Brive** a lieu fin juillet. Fin juillet également, sur les bords de la Charente, la **Fête de Cognac** mêle découverte des saveurs – produits culinaires du terroir, vins de Charente, pineau et bien sûr cognac – et découverte musicale. S'ajoutent les nombreux concerts organisés au **Zénith de Limoges**.

EXPLORER LES CULTURES

Curieux de culture ? Il y a des musées et des loisirs urbains dans toutes les villes de la région : circuit des murs peints à Angoulême, aquarium à La Rochelle, Base sous-marine à Bordeaux... Vous pouvez vous initier à l'œnologie à la Cité du Vin de Bordeaux ou à l'art de la tapisserie à Aubusson. Amateurs d'art brut ? Allez à Bègles, au Musée de la Création Franche. Nostalgiques ? Remontez le temps à Jarnac, ville natale du Président Mitterrand qui lui a légué sa collection. Allez prendre le thé à Limoges, avant de visiter le musée national consacré à la Porcelaine. Ce sont des cultures plurielles que vous offrent les villes de cette région. De musées en espaces culturels, à la découverte d'expositions d'art contemporain ou de collections des musées des beaux-arts, d'un écomusée à un sentier thématique, vous avez le choix des approches, des époques, des savoir-faire et une multitude d'entrées pour enrichir vos connaissances.

Quelques pistes

SI Angoulême est établie avec son festival international de la Bande Dessinée, événement incontournable et deuxième plus important du genre en Europe, la Nouvelle-Aquitaine compte également de nombreux musées et espaces culturels, dont certains sortent de l'ordinaire : Musée d'Art Contemporain de Bordeaux – CAPC, Base sous-marine de Bordeaux, Musée du Nouveau Monde de La Rochelle, Fondation Martell à Cognac. Sachez aussi que l'Opéra National de Bordeaux propose des visites de son Grand Théâtre et de l'auditorium parallèlement à ses nombreuses représentations.

Autre plaisir citadin : le marché ! La Nouvelle-Aquitaine en programme tous les jours, toute l'année avec des produits frais, locaux, bio... dans une ambiance conviviale. Au menu : Issigeac en Dordogne, Brive-la-Gaillarde en Corrèze, Boussac en Creuse, Panazol ou Vayres en Haute-Vienne, Monsempron en Lot-et-Garonne, Andernos en Gironde, Chauvigny ou Les Hérolles dans la Vienne... Coup de cœur pour le marché central Royan à l'architecture « années 50 ». Il y a aussi celui les halles de Pau récemment réhabilitées avec leurs producteurs et leurs tables. Autres halles réhabilitées : celles de Mont-de-Marsan où l'on peut aussi prendre l'apéritif et déjeuner, les halles Bacalan à Bordeaux, les halles anciennes, toutes de verre et de fer, d'Angoulême, les halles Baltard de Niort. S'ajoutent les marchés saisonniers. Les marchés aux gras et aux truffes, de décembre et mars, dont les plus réputés : Sarlat, Brive-la-Gaillarde ou Terrasson-Lavilledieu. Les marchés de Noël, particulièrement beaux à Limoges, la Rochelle, Bordeaux, Biarritz ou Aubusson.

VENIR ET CIRCULER EN VILLE

Les **transports en commun** sont bien développés dans les zones urbaines. Chaque ville de Nouvelle-Aquitaine possède son propre réseau de bus public desservant son agglomération. Plusieurs villes proposent également des vélos en location et des voitures en autopartage. Bien sûr, depuis les gares et les aéroports il est également possible de faire appel à un taxi.

- A Bordeaux, un bon réseau de tramway parcourt la métropole et ses principaux points d'intérêts (Gare Saint-Jean, Stade Matmut Atlantique, place de la Bourse...). Une navette dessert l'aéroport et la gare Saint-Jean de Bordeaux (bus direct). Bon plan à Bordeaux : prendre le bateau pour traverser la Garonne pour le prix d'un ticket de bus. *www.infotbm.com*
- Depuis la gare de Poitiers, on peut louer des vélos électriques et le bus 1 Express permet d'aller au Futuroscope. *www.vitalis-poitiers.fr*
- A La Rochelle, prenez le bus de mer dans le vieux port pour rejoindre le port de plaisance des Minimes. *yelo.agglo-larochelle.fr*
- A Limoges, ce sont des bus et des trolleys qui sillonnent la ville. *www.stcl.fr*
- A Pau et Angoulême se sont des « busway », autrement dit des « Bus à Haut Niveau de Service » qui se mettent en place.

Par ailleurs, le **vélo** est un mode de transport de plus en plus populaire en Nouvelle-Aquitaine. La Rochelle a été une ville pionnière avec ses vélos jaunes et Bordeaux reste une des villes les plus cyclables de France.

Visiter la ville autrement

N'hésitez pas à multiplier et mixer les façons de visiter la ville de votre choix. Toutes les villes de la région, ou presque, proposent des vélos en prêt et disposent de beaucoup d'espace pour courir. Vous pouvez également opter pour un bateau (à Bordeaux ou à La Rochelle), un canoë, un Segway ou un scooter électrique. Autre façon de vous approprier la ville : lors d'un « escape game » (à Poitiers ou à Bordeaux) ou en compagnie d'un « greeter » (habitant ambassadeur bénévole de sa ville) à Limoges.

Le vélo est un moyen agréable de découvrir la ville de Bordeaux.

© GOODLUZ - STOCK.ADOBE.COM

LUXE ET BIEN-ÊTRE

Une journée cocooning, ça fait du bien ! Quand en plus le cadre est idyllique… Cela frise le paradis. On aime les thalassos à Arcachon ou sur l'île de Ré pour les soins les pieds dans l'océan, La Roche-Posay pour ses rituels à l'eau de velours. À Dax, on s'abandonne aux massages en toute sérénité. Et sinon, vous avez déjà essayé la vinothérapie ?

THERMALISME

Une journée cocooning, ça fait du bien ! Quand en plus le cadre est idyllique… Cela frise le paradis. On aime les thalassos à Arcachon ou sur l'île de Ré pour les soins les pieds dans l'océan, La Roche-Posay pour ses rituels à l'eau de velours. À Dax, on s'abandonne aux massages en toute sérénité. De la source d'eau thermale et du centre de cure thermale de **La Roche Posay** aux **Thermes d'Evaux-les-Bains** en passant par les nombreux établissements des Pyrénées dont ceux des Thermes de **Salies-de-Béarn**, Thermes de Cambo-les-Bains ou Thermes des Eaux-Bonnes, sans oublier bien sûr les 19 établissements thermaux des Landes (**Dax et Saint-Paul-lès-Dax**, **Eugénie-les-bains**, Préchacq-les-bains, Saubusse…), la Nouvelle-Aquitaine est la première destination thermale de France, Dax étant la première destination thermale du pays.

© KEVIN EAVES - STOCK.ADOBE.COM

Salies-de-Béarn.

La diversité des sous-sols fait que la quantité de sels minéraux et d'oligo-éléments varie dans l'eau qu'ils filtrent. Les eaux thermales de Nouvelle-Aquitaine offrent donc une large gamme de bienfaits qui diffèrent d'un site à l'autre avec une variété de vertus et de types de traitements.

Les bienfaits de l'eau thermale de Dax étaient déjà connus des Romains. Aujourd'hui cette station thermale est également appréciée pour son espace détente et bien-être qui ajoute du bonheur à votre cure. Fleuron du

© PEOPLEIMAGES - ISTOCKPHOTO.COM

prestige du thermalisme dacquois, le mythique hôtel-spa, joyau Art déco, Le Splendid vous accueille pour un séjour placé sous le signe de l'élégance et de la relaxation.

Pour plus d'information :
www.tourismelandes.com
www.dax-tourisme.com
www.larocheposay-tourisme.com
thermalisme.tourisme64.com

REMISE EN FORME ET VINOTHÉRAPIE

Que vous suiviez un traitement postnatal sur l'île de Ré, rêviez d'un week-end romantique à Arcachon, d'une escapade citadine relaxante à La Rochelle ou à Hendaye, chaque séjour bien-être en Nouvelle-Aquitaine combine harmonie des sens et détente totale dans des paysages magnifiques aux conditions météorologiques tempérées, de janvier à décembre ! Envie de repos, de bien-être et de cocooning ? C'est en Nouvelle-Aquitaine.

Les Antilles de Jonzac

Dédié à la détente, à la remise en forme et au plaisir, le centre aquatique des Antilles de Jonzac dispose d'un lagon tropical, d'une piscine à vagues, d'un toboggan de 60 m et de jets d'eau.

À la romaine

Ambiance romaine au spa Nuxe – Les Bains de Léa, sur le toit de l'Hôtel Intercontinental à Bordeaux. Glissez dans l'eau de ces bains antiques chics et parfumés. Nagez à contre-courant entre les colonnades et les tentures. Terminez par un massage prodigieux.

Caviar et diamants

Toujours à Bordeaux, filez à l'Hôtel de Sèze et demandez le Collier de la Reine. Pierres précieuses, diamants et caviar sont les principaux ingrédients d'un luxueux soin du visage d'une heure trente.

L'escapade Hydratante et ses brumes dans les jardins de Sothys.

Trois gammes de cosmétiques locaux

Sothys

Entreprise familiale connue dans le monde entier pour la qualité de ses soins et son expertise en matière de bien-être **Sothys** propose des produits et des spas haut de gamme.

La Roche-Posay

Fruit du mariage d'une eau thermale et de l'expertise de spécialistes, les produits de soin **La Roche-Posay** chouchoutent toutes les peaux, surtout les plus sensibles.

Caudalie

Mariage entre le vignoble et la recherche cosmétique, l'histoire de **Caudalie** commencée à Bordeaux dans la propriété familiale, est un incontournable de la région.

Près de Bordeaux, rituels en vinothérapie

À la source

Vous ne pouvez imaginer les vertus des pépins de raisin avant d'en avoir fait la divine expérience aux Sources de Caudalie... Au cœur du vignoble bordelais, posez vos valises au château Smith Haut Lafitte à Martillac. Soins au spa, puis plats à la table doublement étoilée de Nicolas Masse.

Face aux vignes

Saint-Émilion offre plusieurs plaisirs. Vous y trouvez un spa, niché dans le château-écrin du Grand Barrail. Le bain à remous est orienté face aux vignes. Déconnexion et détente au top !

Carnet d'adresses

• Les sources Caudalie • Le château du Grand Barrail • Le spa Nuxe – Les Bains de Léa • L'Hôtel de Sèze

THALASSO

Une appellation qui rime avec bienfaits, détente et ressourcement. Thalassothérapie ? Le terme correspond à un traitement par l'eau de mer dans des stations situées à moins de 1 000 m de la mer. Le mot a été inventé par le docteur de La Bonnardière, à Arcachon, et le Pays Basque en est, avec la Bretagne, la destination la plus emblématique. Dans la région Nouvelle-Aquitaine où est née la thalasso et où elle se développe depuis toujours avec plus de raffinement et d'efficacité, il est normal qu'elle soit si populaire et de bonne réputation. On vient sur toute la côte atlantique (La Rochelle, île de Ré, Royan, île Oléron, Arcachon, Pays basque) pour faire une thalasso et profiter de l'environnement, de l'océan, de beaux équipements et de belles bâtisses.

Balnéothérapie : il s'agit des mêmes traitements que ceux de la thalassothérapie, mais avec de l'eau douce. Massages aux huiles essentielles, pierres chaudes, shiatsu... relaxation, paix intérieure et beauté à leur apogée ! La Nouvelle-Aquitaine est la première région française de balnéologie avec 14 centres. Là aussi, la réputation de la région n'est plus à faire.

SHOPPING ET SAVOIR-FAIRE

Territoire d'excellence et d'innovation, la Nouvelle-Aquitaine possède un grand nombre de savoir-faire traditionnels qui reflètent son histoire et lui valent une réputation internationale. Parmi les plus remarquables : la porcelaine et les arts du feu (émaux et vitraux) de Limoges, le cuir de Niort, de Saint-Junien ou le couteau de Nontron, la tapisserie d'Aubusson ou encore l'accordéon à Tulle. On peut également citer la maroquinerie de Niort et des objets iconiques comme le béret et les espadrilles Mauléon, fabriquées au cœur du Pays Basque, ou encore les ballerines Repetto de Saint-Médard d'Excideuil, dans la vallée de la Dordogne. Ajoutons la plus récente de ses expertises autour du marché du surf swear avec de nombreux surf shops.

Vous pouvez découvrir ces savoir-faire en direct chez les artisans et dans les ateliers. Et vous trouverez leurs productions en vente dans leurs galeries et leurs boutiques. Autant d'idées de cadeau à mettre dans vos valises au retour d'un séjour en Nouvelle-Aquitaine.

LAINE ET TAPISSERIE

Depuis plus de cinq siècles, le travail de la tapisserie à Aubusson est reconnu comme un savoir-faire unique. Aujourd'hui, **Aubusson est le seul site au monde où coexistent tous les métiers concourant à la réalisation d'une tapisserie**. Les savoir-faire et les demandes ont évolué avec leur époque. Les tapisseries verticales les plus prestigieuses ornaient autrefois les murs des châteaux. Aujourd'hui le tapis tissé a d'autres visibilités. Ainsi, pour ne prendre qu'un exemple, les rideaux de scène de l'Opéra de Sydney sont néo-aquitains. La tapisserie d'Aubusson est classée depuis 2009 au patrimoine immatériel de l'UNESCO. Aujourd'hui les lissiers travaillent avec les plus grands artistes contemporains et la Cité de la tapisserie expose des chefs-d'œuvre inestimables.

Felletin : la sœur d'Aubusson

A 10 km au sud d'Aubusson, la petite cité médiévale et industrielle de Felletin, berceau de la tapisserie marchoise, perpétue ce savoir-faire et ouvre les portes de ses ateliers. Vous apprendrez qu'à Felletin on fait de la tapisserie et on travaille la laine depuis plus de 5 siècles. Deux entreprises, ouvertes régulièrement au public, participent tout particulièrement à son rayonnement. Les **ateliers de tapisserie Pinton** réalisent des tapisseries à l'ancienne, manuellement, sur un métier horizontal. C'est ici qu'a été tissée **la plus grande tapisserie du monde**, 22 m sur 12 m. Quant à la **filature Terrade**, c'est l'une des dernières en France à perpétuer un savoir-faire délicat : **la fabrication des fils de laine.** Plus discret, **l'atelier Néolice**, spécialisé dans le tissage numérique, ouvre également ses portes de temps en temps. S'ajoutent des cafés tricot au grand café Cluzel et les stages de feutre de laine du centre de formation Lainamac.

RICHARD BRANDAO À L'ACCORDÉON

Ingénieur de formation, Richard Brandao a rejoint en 2014 la maison Maugein, manufacture d'accordéons, entreprise centenaire emblématique de Tulle et labellisée Entreprise du Patrimoine Vivant depuis 2007. Ce joyau patrimonial était menacé de disparition. Richard Brandao a rallié à sa cause des investisseurs locaux, capitaines d'entreprises qui ne voulaient pas voir disparaître ce savoir-faire corrézien unique.

« **A l'origine,** il y a François Dedenis menuisier et ébéniste passionné qui rencontre à Paris des Italiens facteurs d'accordéon. De retour à Brive-la-Gaillarde, en 1887, il se lance dans la fabrication d'accordéons diatoniques. Jean Maugein, venu de Tulle, intègre l'entreprise en 1906 avant d'ouvrir dans sa ville une succursale Dedenis pour la fabrication d'accordéons diatoniques. Peu à peu l'entreprise de Tulle prospère alors que celle de Brive périclite et finit par fermer en 1937.

C'est le temps des bals musette et des concerts. Dans les années 1950, Maugein emploie jusqu'à 290 personnes. Mais bientôt s'imposent le *rock and roll*, la guitare électrique et les yéyés. Un coup dur pour l'accordéon qui tombe peu à peu en désuétude... Maugein poursuit son activité, tant bien que mal, tout en préservant cette excellence qui a fait sa réputation.

Nous sommes aujourd'hui 12 salariés dont 2 ébénistes pour la carrosserie, un peintre, un mécanicien pour la fabrication des pièces mécaniques, un monteur, un accordeur, un technicien de maintenance pour le service après-vente qui est l'un de nos points forts.

La fabrication d'un accordéon est complexe. Nous travaillons le bois, le métal, le cuir, le tissu, le feutre, utilisons des techniques pointues de marqueterie, gravure sur bois, pochoir, dorure, inclusion de nacre, de perles et strass de Swarovski. De nombreuses étapes sont nécessaires : découper, tailler, encoller, coudre, teinter, réaliser des effets dégradés, pailletés et mouchetés... Il faut trois à huit mois selon le modèle pour finaliser un instrument.

Aujourd'hui, Maugein est le seul, en France, à fabriquer l'instrument de A à Z de la planche aux finitions. Chaque instrument est sur mesure, avec une ergonomie adaptée au joueur, un son particulier, etc.

Nous accueillons des visites de la manufacture et sommes toujours prêts à partager notre passion et faire naître des vocations. Au service des musiciens et de la musique, et toujours de la recherche de perfection. »

Un autre site, une autre visite. Dans le cadre bucolique du Moulin Neuf, à Rougnat (35 km d'Aubusson), au bord du Cher, se trouve la **Filature Fonty**. Celle-ci organise quelques visites de ses ateliers. En une heure environ, suivez la vingtaine d'étapes qui transforment une toison brute de mouton, d'alpaga ou de yack en une pelote délicate de fil coloré, prête à tricoter. Au passage, admirez les gestes et le savoir-faire qui se perpétuent ici depuis 7 générations, l'ingéniosité et les merveilles des mécanismes des machines utilisées. Découvrez les choix techniques et les secrets de fabrication mis en œuvre par la filature.

L'or au bout des doigts

Le **Bégonia d'Or, à Rochefort**, réputé pour sa broderie or, est la référence d'un savoir-faire rare et précieux. Louis XIV et Colbert choisissent le site de Rochefort pour y fonder un arsenal en 1666. Dans cette ville marine, la broderie or s'impose. Aujourd'hui, la maison propose des visites d'atelier et même des cours en français et en anglais. Les formations sont réalisées en cours quasi particuliers (3 personnes maximum par atelier). Celles-ci sont reconnues par les grandes maisons de luxe. C'est Marlène Rouhaud, première d'atelier et élève maître d'art qui vous enseigne la broderie or, spécialité de la maison, la broderie « Lunéville », la broderie du linge de maison, etc.

Le béret basque d'excellence

Manufacture de tissage et de coton, la **maison Laulhère située à Oloron-Sainte-Marie** se lance dans la fabrication de bérets à la fin du XIXe siècle.

De fil en laine, et devant le succès grandissant, Laulhère se diversifie et allonge sa collection avec des bérets spécialement faits pour les femmes. L'armée fait appel à l'entreprise pour couvrir ses soldats. En 2013, l'entreprise obtient le label Origine France Garantie ainsi que l'EPV – Entreprise du Patrimoine Vivant. Laulhère est aujourd'hui la seule chapellerie qui fabrique tous ses bérets en France en utilisant des procédés de fabrication traditionnels. L'entreprise ne propose plus seulement le béret noir historique, mais des modèles tendance, y compris pour les femmes. Si le guérillero le plus célèbre de la planète, en l'occurrence Le Che, portait déjà un béret Laulhère, désormais d'autres célébrités – Emma Watson, Rihanna ou Madonna – arborent leur béret basque.

© SAXOPH - STOCK.ADOBE.COM

Laines servant à la confection de tapisseries.

Journées de la laine

Depuis plus de 20 ans, les **journées de la Laine de Felletin**, en octobre, sont le rendez-vous des amoureux et des passionnées de belles laines, au cœur d'un extraordinaire village, porte du Parc Naturel Régional du Plateau de Millevaches. Vous découvrez ce savoir-faire en profitant d'un salon des créateurs (plus de 130 filateurs, matelassiers, feutriers, bonnetiers, tisserands...) et de démonstrations de tapisserie. Envie de vous y mettre à votre tour ? Pendant que vos enfants s'amusent avec un tricotin géant ou un scoubilaine, passez un moment au Café Tricot avec des tricoteuses passionnées ou bien inscrivez-vous à un stage textile pour bénéficier du savoir-faire et des conseils avisés d'artisans et créateurs d'art.

PORCELAINE ET ARTS DU FEU

Ville créative de l'UNESCO, Limoges produit des porcelaines réputées qui ornent depuis des générations les tables les plus prestigieuses du monde. Ses musées recèlent des trésors qui témoignent de l'histoire des Arts décoratifs en France. Visitez les entreprises qui perpétuent ce savoir-faire et profitez de leurs boutiques. Rencontrez de jeunes artisans d'art. Vous pouvez même vous initier à quelques techniques artistiques. Limoges est également la ville de tous les arts du feu (émaux, vitraux...) dont les techniques perdurent et s'incarnent aujourd'hui dans des objets les plus modernes.

Fabrication de porcelaine de Limoges.

Musée national de la porcelaine Adrien Dubouché

Rénové et doté d'une muséographie entièrement repensée, le musée de la Porcelaine Adrien Dubouché propose un voyage à travers l'histoire de la céramique au rythme des civilisations et au fil des continents, avec des pièces uniques qui surprennent par leur originalité. Côté porcelaine, ce n'est rien d'autre que LA plus belle collection au monde. Un espace dédié aux techniques de fabrication permet à tous d'apprécier la virtuosité des chefs-d'œuvre exposés.
www.musee-adriendubouche.fr

Fondation d'entreprise Porcelaines Bernardaud

Les Porcelaines Bernardaud c'est une histoire familiale depuis plus de 150 ans et une collaboration sans discontinu avec les plus grands artistes de l'époque. Au sein de la manufacture fondée à Limoges en 1863, dans d'anciens ateliers, un circuit de visite explique les différentes étapes de la fabrication de la porcelaine et valorise l'intelligence de la main. Comme Bernardaud a de tout temps travaillé avec les plus grands artistes internationaux du moment de Dubuffet à Jeff Koons, Sophie Calle ou David Lynch... leurs réalisations émaillent le parcours de visite ainsi que les services réalisés par la Manufacture pour décorer les tables des plus grands chefs étoilés du monde. Le magasin d'usine présente un vaste choix de services de tables et de nombreuses idées de cadeaux. Quant au magasin de prestige, il présente les dernières créations de la manufacture.
Chaque été, la Fondation Bernardaud organise une grande exposition thématique, devenue un rendez-vous incontournable pour les amateurs d'art et de céramique.
www.bernardaud.com/fr/la-fondation

Shopping au Bocal

Fondé par un collectif maîtrisant des savoir-faire exceptionnels, le Bocal est un lieu incontournable pour les amateurs de beaux objets uniques et contemporains. La galerie est partagée et animée par les créateurs que vous pouvez rencontrer sur place : Thierry Vandendriessche, sublimant la plume naturelle dans de délicats bijoux, Tambour Bazar, Passage Secret et l'Atelier du Blanc qui surprennent avec leurs porcelaines innovantes, Lise Rathonie, Delphine Peytour Quendolo et LCK Créations réinventant l'art de l'émaillage sur métaux et Michelle Combeau, qui révèle la couleur par ses mosaïques de pâte de verre contemporaines...
Toujours curieux et soucieux de proposer régulièrement des nouveautés, le Bocal invite également tout au long de l'année des créateurs surprenants, à exposer leur travail.

Prenez les routes de la porcelaine

Les 22 membres du réseau (sites historiques, musées, entreprises, artisans...), représentatifs de la tradition et de la créativité de la porcelaine de Limoges, ouvrent leurs portes d'avril à octobre.
www.routes-porcelaine-limogeshautevienne.fr

Réaliser un bijou en émail

Créatrice émailleur d'art depuis 10 ans, Amandine Barry, vous propose durant un atelier de 2h de réaliser votre création en émail (bijoux, tableau, coupelle...). A travers ces moments d'échange, elle vous présente la technique de l'émail sur cuivre puis vous guide pas à pas pour réaliser votre émail. Au cours de l'atelier, vous pouvez suivre les différentes cuissons et repartir avec votre création finie.

CUIR ET COUTEAUX

Du cuir d'exception

Depuis le XIe siècle, l'activité emblématique de **Saint-Junien, capitale du gant de peau de luxe**, est la ganterie. Vous pouvez suivre une visite guidée de la **ganterie Agnelle**, la Rolls des gants, qui produit sa collection annuelle et collabore avec les plus grands stylistes actuels. Madonna, Sharon Stone, Michèle Obama ou Mélania Trump ont porté des gants Agnelle de Saint-Junien. Vous avez un magasin d'usine sur place. Profitez de la biennale **Les Portes du Cuir**, salon professionnel et grand public de valorisation de la filière cuir en Nouvelle-Aquitaine, en septembre, avec démonstrations et animations. Et en 2021 une **Cité du Cuir** vous accueillera à Saint-Junien dans les quartiers historiques de l'industrie du cuir sur les bords de Vienne.

Et aussi des couteaux

Le parfait **couteau de Nontron** est fabriqué dans une ancienne coutellerie fondée au XVe siècle. Ici, chaque couteau de poche est réalisé de bout en bout par le même artisan. 35 opérations sont nécessaires à sa fabrication. Il se distingue par les mouches qui ornent son manche en buis blond et son signe en forme de V. Aujourd'hui, le designer de la maison développe des projets porteurs de savoir-faire et de modernité tout en conservant l'héritage du Nontron original.

A RAPPORTER DE SES VACANCES

Vous ne repartirez pas de Nouvelle-Aquitaine sans votre paire d'espadrilles, des vraies, celles fabriquées depuis 150 ans, au cœur du Pays Basque, à Mauléon. Difficile également de résister aux bottes en caoutchouc Aigle, au béret basque de laine ou aux chaussures de beau cuir, au tissu enduit rayé ou bayadère et aux tapisseries... Les artisans et les artistes néo-aquitains vous proposent de magnifiques pièces, typées et de qualité, à rapporter dans vos bagages.

Weston, pointure de luxe

La référence de la chaussure de luxe. Réputées dans le monde entier, les Weston au nom anglais sont fabriquées dans une manufacture tout à fait française devenue un mythe, fondée à Limoges en 1891. Près de 192 prises en main, cinq à six heures de travail réparties sur huit semaines, une sélection des plus beaux cuirs, dont le cuir « Bastin », un cuir végétal tanné en Haute-Vienne, sont nécessaires à la fabrication d'une paire de souliers. Magasin d'usine.

Laurige-Duron, maroquinier, gaineur et relieur d'art

Fondée en 1950, l'entreprise Atelier Duron crée et fabrique dans ses ateliers de Niort, ancien fief de la chamoiserie, des articles de maroquinerie de bureau et de reliure d'art. Une trentaine de compagnons perpétuent la tradition du travail du cuir à Niort-Chauray et la maison est Entreprise du Patrimoine Vivant pour son savoir-faire en gainerie et en dorure.

© ESEBENE - STOCK.ADOBE.COM

Fabrication artisanale d'espadrilles.

Connue dans le monde entier pour son excellence dans le travail du cuir, l'entreprise exporte 40 % de ses produits dans plus de 80 pays et travaille pour la Maison Blanche, l'Armée américaine, la société Boeing, la Présidence de la République française, etc. Au catalogue : sous-mains, livres d'or, répertoires, conférenciers, écrins à stylos, écritoires, cartes des vins, parapheurs... Une boutique à Niort et une à Limoges.

Repetto, entrez dans la danse !

Artisan d'exception du monde du luxe et de la danse depuis 1947, Repetto perpétue le rêve à travers une offre de chaussures de danse unique. Du pied, point d'ancrage au sol, sont nés des produits d'exception offrant une liberté de mouvement inégalée. Les fameuses ballerines sont fabriquées à Saint-Médard-d'Excideuil en Dordogne. La marque est distribuée dans le monde entier. Le magasin d'usine Repetto, est le paradis du chausson de danse et de la ballerine. Vous y découvrirez un choix impressionnant de produits déstockés, fin de série...

Des charentaises, tout confort

La charentaise est née sous Louis XIV en Charente, du recyclage des feutres à papier en laine qui servaient au pressage afin d'absorber l'eau de la pâte à papier. Ces feutres, devenus alors imperméables, étaient transformés en semelles souples et confortables. Les excédents de fabrication des tisserands locaux qui travaillaient pour la confection des uniformes de la marine royale servaient à confectionner le dessus de la charentaise. Les charentaises assemblées au fil de chanvre se glissaient dans les sabots. On continue à en fabriquer au pays de la charentaise.

Travail du cuir.

Rondinaud : la charentaise de tradition

Depuis mai 2020, avec un associé et une douzaine d'employés expérimentés, Frédéric Rondinaud a recréé le dernier atelier de fabrication situé en Charentes : L'Atelier Charentaises. Le pluriel est important, non seulement parce qu'il évoque le volume de pièces sortant chaque jour de l'atelier (+/- 550), mais aussi parce qu'il regroupe plusieurs marques emblématiques : Rondinaud bien sûr, mais aussi Degorce, Jeva et une douzaine d'autres. La maison est Entreprise du Patrimoine Vivant. Magasin d'usine.

Les charentaises Tcha : le must have !

Jean-Luc Bouriau reprend l'entreprise Tcha en 2010, se positionne sur le marché du luxe et modernise la charentaise tout en conservant la technique du « cousu-retourné ». Aux USA, la charentaise Tcha a fait son entrée dans le prestigieux magasin Peter Eliott Blue, sur Lexington avenue, à New York. On peut en acheter également au Japon ou encore en Italie… Des pantoufles de luxe hyper confortables.

L'Espadrille Pariès

A Saint-Jean-de-Luz, les espadrilles cousues main de Nicole Pariès sont des créations originales pour femme, homme et enfant. Elles sont fabriquées en jute, coton, lin et cuir et cousues à la main. Bayadère, bicolore, pailletée, vichy, coton délavé, impression tropicale, double semelle fluo… A chaque saison la maison Pariès renouvelle ses collections. Faites comme Picasso, adoptez-les pour un confort et un bien être d'exception.

L'espadrille Donquichosse

Son savoir-faire se transmet de génération en génération, dans la maison familiale de Mauléon-Licharre. Donquichosse est labellisée Entreprise du Patrimoine Vivant. Son musée retrace la vie de l'espadrille conçue de manière traditionnelle, cousue à la main à partir de produits naturels, écologiques, biodégradables, essentiellement le jute, le coton et le cuir.

Les bottes Aigle

C'est l'unique fabricant de bottes en France. Créées en 1853 par l'Américain Hiram Hutchinson, les bottes Aigle rencontrent un vif succès dès leur origine. Ingrandes-sur-Vienne, petit village au nord de Châtellerault, est l'unique site de production en France. Sur place, 220 maîtres-caoutchoutiers confectionnent à la main jusqu'à 4 000 paires de bottes par jour en 60 étapes de montage. Maîtriser la fabrication d'une botte en caoutchouc naturel nécessite deux années de formation. Avec vos bottes Aigle, vous pouvez aller dans les champs, à la chasse, à la pêche ou en ville. Les versions colorées séduisent les Asiatiques.

Des chaussettes Broussaud

L'aventure commence en 1938. Adrienne et Henry Broussaud viennent de se marier dans leur village, Les Cars, à 20 minutes de Limoges et se lancent dans la chaussette. En 1984, leurs enfants, Brigitte et Gérard reprennent l'affaire. La fabrique change de visage et se modernise. Les chaussettes Broussaud de Les Cars, sont un vrai accessoire de mode dont la qualité prime. Et c'est un vrai plébiscite côté clients puisque la marque écoule près d'un million de paires de chaussettes par an. Parmi ses commanditaires... Stromaë en personne. Le jeune chanteur belge a choisi Broussaud et la Nouvelle-Aquitaine pour faire fabriquer 5 000 paires... Magasin d'usine.

Faites vos charentaises

L'atelier-musée des tisserands et de la charentaise à Varaignes, hébergé dans le château de Varaignes, au nord de la Dordogne, présente tous les savoir-faire textiles régionaux, du travail du chanvre et de la laine à la technique du cousu-retourné des charentaises. La reconstitution d'une maison de tisserand du XIXe siècle permet de partager une pratique quasiment disparue. Les salles du château, aux noms des nombreuses usines locales, rappellent le riche passé textile de la région : filature et son laboratoire, machines à découper et à coudre les célèbres pantoufles. De nombreuses animations sont proposées, dont un atelier de fabrication de charentaises, à l'issue duquel vous repartez avec votre diplôme de pantouflier en poche !

Le linge basque

Aussi iconique qu'au XIXe siècle quand les élégantes raffolaient des toiles rayées, le linge basque a su s'adapter au goût du jour sous l'impulsion de fabricants qui n'hésitent pas à pimenter d'un fil d'audace leur savoir-faire ancestral... A l'origine, les toiles sont en lin, mais on en trouve désormais en coton. A nous le beau linge de table (serviettes et nappes), d'office (tabliers et torchons) et de décoration (rideaux, coussins...) ! Dans ses ateliers à Ascain et Bidos la famille Lartigue perpétue depuis quatre générations l'art du tissage. A Orthez on peut visiter le magasin usine des tissages Moutet, à Espelette ceux des tissages de luz et dans les Landes la maison Artiga. Un savoir-faire découvrir aussi dans de nombreuses boutiques en Nouvelle-Aquitaine.

Turenne et son château.

ORGANISER SON SÉJOUR

SE RENDRE EN NOUVELLE-AQUITAINE

EN VOITURE

On peut circuler en train ou en bus en Nouvelle-Aquitaine, mais bien entendu c'est en voiture que vous aurez le plus de liberté, si ce n'est la meilleure écolo-attitude. **Le réseau routier** est dense et de bonne qualité que ce soit sur le littoral, en ville, à la campagne ou à la montagne.

- Les **autoroutes** en Nouvelle-Aquitaine permettent une bonne desserte de l'ensemble de la région :

A10 (axe Paris – Espagne via Bordeaux) dessert Poitiers et le Futuroscope, Niort, le Marais Poitevin, La Rochelle et l'île de Ré, Saintes, Royan, Rochefort et l'île d'Oléron.

A20 (axe Paris – Toulouse via Limoges) est gratuite en Nouvelle-Aquitaine, plus précisément entre Vierzon et le sud de Brive-la-Gaillarde.

A62 relie Bordeaux à Toulouse via Langon et Agen, le long de la vallée de la Garonne.

A63 prolonge l'A10 de Bordeaux vers l'Espagne et permet des accès au bassin d'Arcachon, aux Landes et au Pays Basque.

A64 permet de relier facilement Bordeaux et les Pyrénées béarnaises et sa capitale Pau.

A65 fait facilement la liaison entre le Pays Basque (Biarritz – Bayonne) et le Béarn (Pau).

A83 est une des entrées du nord de la région venant de Nantes et rejoint l'A10 près de Niort.

A89 relie Bordeaux à Lyon par Brive-la-Gaillarde et facilite les accès à la vallée de la Dordogne (Libourne, le Périgord, Brive et Tulle).

© PHILIPPEGRAILLEPHOTO - STOCK.ADOBE.COM

La Gare de Limoges.

Les autoroutes offrent de bonnes conditions de circulation et proposent des aires de repos et de services (station-service, boutiques souvenirs, restaurants et même des hôtels comme sur l'Aire Poitou-Charentes au sud de Niort).

Le réseau secondaire est aussi de bonne qualité. Plusieurs **routes nationales** sont aménagées en 2x2 voies, par exemple la N10 entre Poitiers, Angoulême et Bordeaux ou la N141 entre Limoges, Angoulême et Royan.

Les ponts sont gratuits pour tous les usagers : pont d'Aquitaine à Bordeaux, les ponts sur la Charente à Rochefort, sur la Seudre à Marennes ou de l'île d'Oléron. Le seul pont payant est celui de l'île de Ré dont les recettes servent à protéger l'environnement fragile de cette magnifique île.

EN TRAIN

La région est facilement accessible par le train, quelle que soit votre région d'origine. Grâce aux lignes directes depuis les gares de Paris-Montparnasse, Paris-Austerlitz et même Bruxelles, vos déplacements seront rapides depuis le nord de la France.

Lignes TGV desservant la région

Avec la ligne à grande vitesse L'océane, de nombreuses destinations de Nouvelle-Aquitaine sont devenues proches de Paris. En seulement 1h18, vous rejoindrez Poitiers ou poursuivez votre chemin jusqu'à Angoulême. En 2h, vous rejoindrez Bordeaux.

D'autres villes dont La Rochelle, Niort, Arcachon, Pau, Dax, Bayonne sont desservies par le TGV, en ligne directe, depuis Paris.

Voici les meilleurs temps de parcours pour les liaisons vers Paris :
Agen : 3h12 Angoulême : 1h43 Arcachon : 3h06 Bordeaux : 2h04 Bayonne : 3h53 Dax : 3h20 La Rochelle : 2h26 Niort : 1h45 Pau : 4h09 Poitiers : 1h18.
Vous pouvez également rejoindre la région en TGV depuis Lille-Europe (4h30).

Liaisons internationales
De nombreuses lignes de train à grande vitesse relient les villes européennes à la Nouvelle-Aquitaine. Au départ de Londres, vous pouvez rejoindre Poitiers en 5h15 ou Bordeaux en 6h15 avec l'Eurostar et la LGV. Au départ de Bruxelles, Thalys relie directement Bordeaux en 4h. Au départ des Pays-Bas, des liaisons directes vers Paris sont accessibles depuis Amsterdam, Schiphol, Rotterdam. Couplé à un billet LGV, vous pouvez rejoindre la région en 6h30.

Liaisons nationales
Les trains Intercités relient les grandes agglomérations entre elles :
Paris-Austerlitz – Limoges – Uzerche – Brive-la-Gaillarde / Tours – Futuroscope – Poitiers – Angoulême – Bordeaux / Nantes – La Rochelle – Rochefort – Saintes – Jonzac – Bordeaux / Marseille – Montpellier – Toulouse – Bordeaux / Toulouse – Pau – Orthez – Bayonne.

Liaisons régionales
En Nouvelle-Aquitaine, 32 lignes ferroviaires sillonnent le territoire, desservant 315 communes. Les trains TER circulent en complémentarité des trains TGV et Intercités pour vous permettre d'accéder à toutes les villes et territoires de la Nouvelle-Aquitaine.
https://transports.nouvelle-aquitaine.fr

EN AVION

De nombreux aéroports internationaux permettent d'accéder directement aux destinations de Nouvelle-Aquitaine :
Paris Orly,
Paris Roissy,
Nice Côte d'Azur,
Marseille Provence,
Lyon Saint-Exupéry,
Toulouse-Blagnac,
Bâle Mulhouse Fribourg,
Nantes Atlantique,
Ajaccio Napoléon Bonaparte...

Les aéroports de Nouvelle-Aquitaine
La région dispose de neuf aéroports qui assurent des liaisons quotidiennes avec Paris et les grandes métropoles nationales et internationales :
Bordeaux Mérignac,
Poitiers Biard,
Limoges,
Biarritz Pays Basque,
La Rochelle – Ile de Ré,
Agen,
Bergerac Dordogne-Périgord,
Brive Vallée de la Dordogne,
Pau Pyrénées.

Exemples de liaisons avec Paris :
Paris Orly – Bordeaux : 1h10
Paris Orly – Limoges : 1h10
Paris Orly – La Rochelle : 1h25

S'INFORMER SUR LA NOUVELLE-AQUITAINE

PRESSE & MAGAZINES

Trois quotidiens dominent le paysage de la presse écrite quotidienne : **Sud Ouest**, la **Montagne**, le **Populaire** et la **Nouvelle République**. S'ajoutent des quotidiens locaux, des hebdos, des gratuits, des magazines, dont les hebdos du dimanche des quotidiens.

Charente

La Charente libre

Charente Maritime

Sud-Ouest
L'Essentiel (mensuel)
La Rochelle journal (journal de la ville)
Le Phare de Ré (hebdomadaire)
Point commun (journal de la communauté de communes)

Creuse

Le Populaire du Centre (quotidien)
Pays du Limousin (bimestriel)

Haute-Vienne

Le Populaire du Centre
Pays du Limousin

Deux-Sèvres

La Nouvelle République
Le Courrier de l'Ouest (quotidien)

Vienne

La Nouvelle République
Centre Presse (quotidien)

La ville de Bordeaux.

Corrèze
Sud Ouest
La Montagne (quotidien)
La Vie Corrézienne (quotidien)

Dordogne
Sud Ouest
Dordogne libre (quotidien)
La Dordogne a aussi ses hebdos dont : Le Démocrate indépendant, L'Essor Sarladais, le Courrier français...

Gironde
Sud Ouest
Bordeaux 7, quotidien gratuit
Parmi les nombreux hebdomadaires girondins : Courrier français de Gironde, La Dépêche du Bassin, Le Journal du Médoc, Gironde...

Landes
Sud Ouest
Courrier français (hebdomadaire)
Sportsland Landes, gratuit (tous les 15 jours)

Lot-et-Garonne
Sud Ouest
La Dépêche du Midi (quotidien)
Le Petit Bleu de Lot-et-Garonne (quotidien)
Le Républicain Lot-et-Garonne (hebdomadaire)
Le Petit Journal (hebdomadaire)
Courrier français (hebdomadaire)

Pyrénées-Atlantiques
Sud Ouest
La République des Pyrénées (quotidien)
La Semaine du Pays basque (hebdomadaire)
Ekaitza (hebdomadaire)
Sportsland Béarn, gratuit (tous les 15 jours)
Sportsland Pays Basque, gratuit (tous les 15 jours)

La presse magazine est représentée avec notamment :
Terre de vin, magazine bimestriel sur le vin et l'œnotourisme dans le sud-ouest et au-delà
Le Festin, revue trimestrielle éditée à Bordeaux dédiée aux différents patrimoines de Nouvelle-Aquitaine
Arcades, revue trimestrielle sur la culture en Nouvelle-Aquitaine
Sud-Ouest gourmand, magazine trimestriel, le magazine des saveurs.

SUR INTERNET ET LES RÉSEAUX SOCIAUX

www.nouvelle-aquitaine-tourisme.com, le site Internet du tourisme en Nouvelle-Aquitaine est d'une grande lisibilité et efficacité. Conçu comme une web-magazine, facile à utiliser et très bien documenté et illustré, c'est un outil précieux pour s'inspirer, préparer un séjour en amont et pour visiter en direct les villes et villages de ce territoire.

La Nouvelle-Aquitaine tourisme est également présente sur les **réseaux sociaux**, sous l'appellation **Destination Nouvelle-Aquitaine** (twitter, Facebook, instragram et YouTube).
Facebook : @destinationNA.fr
Twitter : @NA_Tourisme
Intagram : destination_nouvelle_aquitaine
Youtube : Destination Nouvelle-Aquitain

S'ajoute le site Internet de la région Nouvelle-Aquitaine **www.nouvelle-aquitaine.fr**.
transports.nouvelle-aquitaine.fr

La Pointe aux Chevaux sur la presqu'île du Cap-Ferret.

INDEX

Port de La Rochelle.

EDITION

Directeurs de collection et auteurs : Dominique AUZIAS et Jean-Paul LABOURDETTE

Auteurs : Corine LACRAMPE, Jean-Paul LABOURDETTE, Dominique AUZIAS et alter

Directeur Editorial : Stéphan SZEREMETA

Rédaction France : Elisabeth COL, Tony DE SOUSA, Mélanie COTTARD, Audrey VEDOVOTTO

Rédaction Monde : Caroline MICHELOT, Morgane VESLIN, Pierre-Yves SOUCHET, Jimmy POSTOLLEC, Natalia COLLIER, Laureen DUCHESNE, Anaïs MAOLE

FABRICATION

Responsable Studio : Sophie LECHERTIER assistée de Romain AUDREN

Maquette et Montage : Julie BORDES, Sandrine MECKING, Delphine PAGANO

Iconographie et Cartographie : Anne DIOT assistée de Julien DOUCET

WEB ET NUMERIQUE

Directeur Web : Louis GENEAU DE LAMARLIERE

Chef de projet et développeurs : Nicolas de GUENIN, Adeline CAUX, Kiril PAVELEK

Intégrateur Web : Mickael LATTES

Webdesigner : Caroline LAFFAITEUR

Community Traffic Manager : Alice BARBIER, Mariana BURLAMAQUI et Vincent PHAM

DIRECTION COMMERCIALE

Directeur commercial : Guillaume VORBURGER assisté de Manon GUERIN

Responsable Régies locales : Michel GRANSEIGNE

Responsables Développement régie inter : Jean-Marc FARAGUET et Guillaume LABOUREUR assistés de Claire BEDON

Chefs de Publicité : Camille ESMIEU

Chefs de Publicité Régie nationale : Caroline AUBRY, François BRIANCON-MARJOLLET, Perrine DE CARNE MARCEIN, Caroline PREAU

Gestion commerciale : Vimla MEETOO et Assa TRAORE

DIFFUSION ET PROMOTION

Directrice des Ventes : Bénédicte MOULET assistée d'Aissatou DIOP, Sidonie COLLET

Responsable des ventes : Jean-Pierre GHEZ assisté de Nelly BRION

Relations Presse-Partenariats : Jean-Mary MARCHAL

ADMINISTRATION

Président : Jean-Paul LABOURDETTE

Directrice des Ressources Humaines : Dina BOURDEAU assistée de Sandra MORAIS et Eva BAELEN

Directrice Administrative et Financière : Valérie DECOTTIGNIES

Comptabilité : Jeannine DEMIRDJIAN, Adrien PRIGENT et Faiza ALILI

Recouvrement : Fabien BONNAN assisté de Sandra BRIJLALL et Vinoth SAGUERRE

Responsable informatique : Adam M'RAH

Standard : Assa TRAORE

CARNET DE VOYAGE NOUVELLE-AQUITAINE

LES NOUVELLES EDITIONS DE L'UNIVERSITE
18, rue des Volontaires - 75015 Paris.
✆ 01 53 69 70 00 - Fax 01 42 73 15 24
Internet : www.petitfute.com
SAS au capital de 1 000 000 € - RC PARIS B 309 769 966

Couverture : Phare de Cordouan dans l'estuaire de la Gironde
© papinou - stock.adobe.com

Impression : IMPRIMERIE CHIRAT - 42540 Saint-Just-la-Pendue

Achevé d'imprimer : décembre 2020

Dépôt légal : 16/01/2021

ISBN : 9782305053578

Pour nous contacter par email, indiquez le nom de famille en minuscule suivi de @petitfute.com
Pour le courrier des lecteurs : info@petitfute.com

IMPRIMÉ EN FRANCE

PEFC™
10-31-1895

Certifié PEFC
Ce produit est issu de forêts gérées durablement et de sources contrôlées.
pefc-france.org

COLLABOREZ À LA PROCHAINE ÉDITION
NOUVELLE-AQUITAINE

COLLABOREZ À LA PROCHAINE ÉDITION
NOUVELLE-AQUITAINE

COLLABOREZ À LA PROCHAINE ÉDITION
NOUVELLE-AQUITAINE

COLLABOREZ À LA PROCHAINE ÉDITION
NOUVELLE-AQUITAINE